지훈이의 캔버스

초판 1쇄 발행 2025년 7월 10일

지은이 함영기

발행인 송진아
편 집 아이핑크
디자인 권빛나
제 작 제이오
펴낸곳 푸른칠판
등 록 2018년 10월 10일(제2018-000038호)
팩 스 02-6455-5927
이메일 greenboard1@daum.net

ISBN 979-11-91638-27-1 03810

* 이 책은 저작권법에 따라 보호를 받는 저작물이므로 무단 전재와 무단 복제를 금지하며, 이 책의 전부 또는 일부를 이용하려면 반드시 저작권자와 푸른칠판의 서면 동의를 받아야 합니다.
* 책 값은 뒤표지에 있습니다.

지훈이의
캔버스

함영기 지음

푸른칠판

차례

그날 새벽	007
춤을 추다	027
시발 롤 모델	075
소라의 겨울	103
지훈이의 캔버스	165
정수야 정수야	211
작가의 말	232

그날 새벽

천장에 매달려 흔들거리는 형광등이 차가운 백색의 빛을 쏟아 냈다. 사진관 안에 모여 있는 사람들은 낮은 목소리로 중얼거리며 방금 인화된 사진을 찾느라 분주했다. 모두가 긴장한 기색이 역력했지만 겉으로 드러내지 않으려 애썼다. 의식적으로 서로의 얼굴은 보지 않으려 했다. 어쩌면 그것은 팽팽한 긴장을 더는 증폭시키지 않겠다는 묵시적인 약속 같았다. 뒤엉켜 있는 흑백사진들 속 얼굴은 누구라고 딱히 확신할 만한 것이 없었다. 사진 속의 얼굴들은 하나같이 렌즈를 쳐다보고 있지 않았다. 내가 찾고 있는 사진은 군중들 틈에서 소형 녹음기와 마이크를 들고 있는 나였다. 누가 봐도 나 같아 보이는 인물이 찍힌 사진이라면 그 사진을 챙긴 후 가능한 한 빨리 이 도시에서 멀리 벗어날 생각이었다.

밖에선 어디론가 급하게 달려가는 전투경찰의 군홧발 소리가 또렷해졌다가 희미해지곤 했다. 밤공기를 가르는 호각 소리와 병력을 싣고 달리는 트럭의 굉음이 들렸다. 이따금 들려오는 구급차의 사이렌 소리는 구원이 아닌 도발 같았다. 소음은 국방색 담요로 가린 사진관의 허술한 문틈을 비집고 벽으로, 바닥으로 기어들어 왔다. 방금 인화돼 둥글게 휜 흑백사진 위로 누군가의 얼굴에 맺힌 땀 몇 방울이 떨어졌다. 성미가 급한 또 다른 누군가가 자기 사진을 찾느라 사진 더미를 휘젓는 바람에 사람들은 난감해 했다. 하지만 누구도 불만을 표시하지는 않았다. 그저 자신이 나온 사진을 빨리 골라내야 한다는 표정들이었다.

내 오른쪽에는 겁에 질린 표정의 경애가 있었다. 경애는 흩어진 사진들을 응시하고 있었지만 찾으려는 사진이 있는 것 같지는 않았다. 난 확신할 수 없었다. 경애가 이 사진관에 있는 복수의 사람과 동행하고 있는 건지, 아니면 나와 동행하고 있는 건지 말이다. 나와 동행일 수도 있겠다고 잠시 생각했다. 하지만 나의 눈에 아직 들어오지 않은 다른 누군가와의 동행일 수도 있다고 생각했다. 나와 동행이었으면 하는, 지극히 짧은 순간의 바람이 긴장을 약간 덜어 주었다. 갑자기 사진관 주인이 빠르고 낮은 목소리로 말했다. 자신은 침착하게 또박또박 전달하려는 것 같았으나 그 목소리에는 분명 무거운 공포감이 배어 있었다.

"온답니다. 빨리 피하세요. 저쪽 뒷문으로 나가면 골목이 있어요. 5분 이상 쉬지 말고 길을 따라 뛰어야 합니다."

사람들은 약속이나 한 듯 뒷문으로 급히 빠져나가 어둠 속으로 흩어졌다. 사진관에 있던 십여 명 남짓의 사람 중 남은 것은 나와 경애뿐이었다. 경애는 공포에 질린 눈으로 나를 쳐다보았다. 그 눈빛은 마치 경애가 이곳에 올 때부터 나와 동행했다고 말해 주는 것 같았다. 경애가 자신의 안위를 나에게 맡기고 있다는 생각에 용기가 생겼다. 뒷문으로 나가면서 나와 경애는 누가 먼저랄 것도 없이 서로 손을 잡았다. 5분 이상 쉬지 말고 뛰어야 한다는 사진관 주인의 말이 귓전에 맴돌았다. 우린 숨을 몰아쉬면서 뛰었다.

골목은 안개로 가득했다. 전신주에 힘없이 매달려 있는 가로등이 지면을 향해 희뿌연 빛을 떨구고 있었다. 그러나 그 빛은 가로등의 위치만 확인시켜 줄 뿐 자욱한 안개 탓에 땅을 밝히지는 못했다. '골목길을 따라 5분 이상……' 사진관 주인의 말이 마치 생존으로 가는 한 장의 티켓처럼 머릿속을 맴돌았다. 나는 경애의 손을 움켜쥐고 뛰었다. 숨이 턱까지 차올랐다. 무슨 말인가 해야 한다고 생각했지만 마땅한 말이 떠오르지 않았다. 가령 "내가 지켜 줄게."라든지, "조금만 더 뛰면 안전할 거야."라든지, 이 상황에서 할 수 있는 말이 어떤 말인지 알 수 없었다.

다만 지금은 경애가 자신의 안전을 나에게 맡기고 있다는 그 단 하나의 상황만 내가 알고 있는 것의 전부였다. 골목은 길게 이어졌다. 이내 5분이라는 시간은 공중으로 흩어져 의미를 상실한 듯했다. '골목길을 따라 5분 이상 뛴 것 같은데, 그다음엔? 혹시 사진관 주인의 그다음 안내가 있었나?' 갑자기 머릿속이 하얗게 비는 느낌이었다. 멀리서 열을 지어 뛰어가는 전투경찰의 군홧발 소리가 들려왔다. 묘한 공포와 긴장이 경애와 함께 있다는 안도감과 뒤엉켰다.

  이 뜀박질 상황이 끝나면 경애의 손을 놓아야 하는지, 아니면 계속 잡고 있어야 하는지 혼란스러웠다. 경애는 아무 말도 하지 않았다. 그저 내 손을 꼭 잡고 내가 이끄는 대로 뛸 뿐이었다. 경애의 가쁜 숨소리가 들려왔고, 꼭 잡은 손으로 격한 박동이 전해졌다. 혼자라도 이 도시를 벗어나겠다는 것인지, 나와 함께 벗어나겠다는 생각인지 알 수 없어 조금씩 답답함이 밀려왔다.

  갑자기 가로등 불빛이 밝아졌다. 군홧발 소리가 훨씬 가까운 곳에서 들려왔다. 경애는 손에 힘을 주었다. 이것은 분명 나에게 의지하고 있다는 뜻이다. 신속하게 골목을 빠져나가려는데, 우릴 기다리고 있는 것은 막다른 골목이었다. 초록색 대문의 집이 정면에 있고, 왼쪽에는 높은 담이, 오른쪽에는 작은 쪽문이 있는 담이 우리를 가로막고 있었다. 나는 쪽문을 밀었다. 문은 닫혀 있었다. 다시 힘껏 문을 안으로 밀었다.

낡은 나무 질감의 소리를 내며 문이 열렸다. 윤곽으로 보아 그곳은 창고로 쓰이는 듯한 작은 공간이었다. 경애를 그곳으로 이끌었다. 바닥에서 오래 묵은 먼지 냄새가 올라왔다. 냄새는 발자국을 옮길 때마다 더 강하게 올라왔다. 문을 안쪽에서 잠그고 바닥에 놓여 있던 나무 기둥을 빗장에 덧대어 놓았다. 바깥에서 힘으로 밀어도 쉽게 열리지 않을 것이다. 그리고 경애와 함께 창고의 안쪽으로 가서 앉았다.

가쁜 숨을 가라앉히기도 전에 밖에서 전투경찰의 목소리가 들렸다.

"야, 분명히 이쪽으로 들어온 거 맞아? 이 쥐새끼 같은 놈들 어디로 사라진 거지? 그쪽 대문 안쪽이랑 담 너머까지 살펴봐!"

웅성대는 소리와 욕설, 그리고 지면에 떨어지는 둔중한 군홧발 소리가 점점 더 공포스럽게 다가왔다. 갑자기 쪽문 틈을 비집고 창고 안쪽으로 칼날 같은 플래시 불빛이 들어왔다. 숨이 멎을 듯했다. 심장도 따라서 멈추는 느낌이었다. 쪽문 틈 사이로 들어온 플래시 불빛은 곧바로 경애를 향했다. 일직선의 불빛은 경애의 머리에서 미간, 코와 입, 그리고 목을 타고 내려가 가슴과 복부까지 비추었다.

시간이 정지된 듯했다. 정지한 시간 위로 플래시 불빛은 유영하듯 경애의 몸을 위에서 아래로, 다시 아래에서 위로 훑고 지나갔다. 마지막 불빛에 비친 경애의 이마에는 땀이 흥건했다. 그리고 젖은 머리카락이 이마와 뺨 위에 아무렇게나 놓여 있었다. 경애는 공포감을 못 이기고 내 쪽으로 더 가까이 파고들었다. 숨을 참고 있었지만 경애의 호흡을 분명하게 느낄 수 있었다. 플래시의 차가운 불빛을 받은 경애의 가슴이 위아래로 오르내렸다. 전투경찰들이 바깥에서 의논하는 소리가 선명하게 들려왔다.

"넌 저 쪽문을 열고, 넌 말이지 그쪽 초록 대문 집 벨을 눌러서 방금 누군가 들어왔는지 알아봐!"

이제 쪽문이 열리면 우린 잡혀갈 것이다. 많은 이야기를 들었다. 잡혀간 사람들이 당했던 모멸스러운 순간들에 대한 이야기 말이다. 잡혀간 뒤 소식이 끊긴 사람도 많았고 어쩌다 풀려난 사람은 존엄을 훼손당한 얼굴을 한 채 집 밖으로 나오지 않는다고 했다. 누군가는 정신을 놓고 쓰레기통을 뒤지고 다닌 다고도 했다. 난 거의 체념 상태였다. 경애네 집이 그 도시에서 알아주는 부잣집이라는 것도, 그녀의 아버지가 손꼽히는 권력가라는 사실도 아무런 위로가 되지 않았다. 순식간에 여자를 납치한 파렴치한 운동권으로 몰릴 처지가 되고 말았다. 난 그게 더 암담했다. 내가 잡혀가더라도 오늘의 짧은 동행을 경애가 잊지는 않을 거란 막연한 기대도 나 혼자만의 것이겠지.

경애를 바라보았다. 여전히 겁에 질린 눈으로 내게 몸을 바싹 붙이고는 아주 조용하게 숨을 쉬었다. 숨을 쉴 때마다 미세한 움직임이 전해졌다. 그것을 느끼는 일이란 일종의 슬픔과도 같았다. 왜 내가 경애와 여기까지 왔는지, 적어도 함께 오기 전까지 그녀의 마음속에 내 존재는 있었던 것인지, 그 무엇도 알 수 없어 혼란스러웠다. 그 짧은 순간에도 잡혀간 사람들의 이야기와, 경애는 도대체 무슨 마음으로 나와 함께 있는 것인지 등등의 생각들이 뒤엉켜 머릿속은 엉망진창이 됐다. 그럴수록 차라리 여기가 세상 끝이라면 좋겠다는 소망을 갖게 할 만큼 공포는 점점 크게 다가왔다. 수색하던 전투경찰의 목소리가 들렸다.

"소대장님, 여기 이 쪽문은 안으로 닫혀 있는데요? 여기로 들어갈 방법은 없었을 것 같은데 말입니다."

"마, 좀 흔들어 봐. 이렇게……!"

나무 쪽문이 특유의 오래된 마찰 소리를 내며 불규칙하게 흔들렸다. 난 거의 포기하는 심정이 되고 말았다. 가슴에 격렬한 통증이 몰려왔다. 경애가 눈을 꼭 감았다.

"이거 뭐 안 열리는데? 그럼 아까 그 갈라진 골목, 그쪽이야. 전원 이동해!"

소대장의 명령은 우리의 구원을 알리는 소리였다. 빠르게 골목을 빠져나가는 전경들의 군홧발 소리가 들렸다. 다가오는 발소리와 사라지는 발소리는 확연하게 달랐다. 창고가 있는 그곳엔 다시 나와 경애만 남았다. 짧은 안도의 시간이 찾아들었다. 나는 판단할 수 없었다. 만약 밖이 안전하다면 이제 각자 제 갈 길을 가면 되는 건지, 도무지 경애는 어떤 생각을 하는지 알 수 없었다. 경애는 공포를 피하고자 나에게 의지한 것뿐인데 나 혼자 생각이 많은 것은 아닐까. 마음이 복잡했다. 그렇다

하더라도 사진관에 함께 오게 된 상황은 설명이 필요했다.

　사진관에서는 왜 내 옆에 있었으며, 골목으로 나오면서는 왜 약속이나 한 듯이 서로 손을 잡게 됐고, 창고에 들어와서는 왜 나에게 몸을 바싹 붙인 채 의지했을까. 상대방에 대한 호감이 전혀 없어도 그럴 수 있는 걸까. 그런데 왜 나는 어떤 마음이었느냐고 경애에게 용기 내어 물어보지 못할까. 우리 관계는 누가 뭐래도 나에게 선택권이 있는, 내가 주도하는 관계는 아니었다. 그러면 내가 물어보기 전에 짧게라도 한마디쯤 해 줄 수 있지 않을까. 경애는 말이 없었다. 이 관계는 대등하지 않다. 그런데 왜 나는 이 관계에 이토록 집착하고 있을까. 세상에 흔하게 널려 있는 이루어질 수 없는 짝사랑 같은 상투적인 관계에 왜 나는 기대를 하고 있을까.

　그러고 보니 나와 경애는 오늘 전혀 대화가 없었다. 아니, 그녀를 알았던 지난 2년 동안 우린 의미가 담긴 대화라는 것을 해 본 적이 없었다. 언젠가 "준기 씨, 어깨 좀 펴고 걸어 봐. 사람이 왜 그리 늘 축 처져 있어?"라는 말을 들은 기억은 있다. "표정 좀 밝게 해 봐. 입꼬리를 이렇게 올리고……" 이런 말도 들었던 것 같다. 그러나 그건 분명 경애가 그냥 아무 생각 없이 지나가는 말로 한 것이었겠지. 그런 대화 앞뒤에 이어지는 어떤 연결도 없었으니까.

난 동기와 배경을 상실한 채 단지 시혜처럼 온 그 말에 어떤 대답도 할 수 없었다. 경애는 매우 짧은 순간 지나가는 말처럼 남기고 친구들과 학생회관 쪽으로, 학교 방송국으로 걸어가곤 했다. 나는 학생 기자였고 그해 봄 시위를 따라다니며 취재했다. 학교 안에서 시작된 시위는 이내 교문 밖으로, 그리고 시내 중심가까지 진출해 있었다. 군부가 정권을 장악하기 직전이란 소문이 들려왔다.

1980년 5월 초였다. 사람들은 20년 만에 진짜 봄이 찾아왔다고 했다. 그때까지 학교 안에는 한 개 소대의 전투경찰이 상주하고 있었다. 전경들은 '닭장차'라 불리는 버스를 주차장에 세워 두고, 몇 명씩 짝을 지어 교정을 돌아다녔다. 규칙적으로 들리는 군홧발 소리가 캠퍼스의 공기를 더욱 무겁게 짓눌렀다. 전경들은 지나가는 학생들과 눈을 마주치며 히죽거렸고, 종종 여학생들에게 짓궂은 농담을 던졌다. 잔디밭에서 공을 던지며 무료한 시간을 보내기도 했다. 한낮의 햇살 아래, 그들의 웃음소리가 교정을 맴돌았다.

긴 겨울 얼어붙었던 공기가 풀리듯, 교정 곳곳에 알 수 없는 들뜬 기운이 감돌았다. 처음엔 학생회관 앞 게시판에 조심스럽게 붙은 작은 벽보 한 장뿐이었다. '비상계엄 해제하라!' 문구는 단출했지만, 파장은 컸다. 지난 새벽 누군가 써 붙인 그 종이는 곧 학생들의 손에 의해 복사되고, 여럿의 마음을 건드렸고, 또 다른 누군가의 다짐이 되어 수업이 끝난 강의실 뒤편에도, 도서관 출입구 유리문에도, 때로는 화장실 거울 옆에도 붙기 시작했다. 모든 것이 느슨하게 풀린 듯하면서도, 동시에 단단히 조여 있는 듯한 이상한 계절. 누군가는 그해 봄을 자유의 시작이라 했지만, 보름 후에 무슨 일이 일어날지 아무도 알지 못했다.

학생회관 앞에서 있었던 작은 집회는 바로 세를 불려 학생들을 대운동장에 모이게 했다. 18년을 집권한 사람이 그 수하의 총탄에 맞은 지 7개월 만이었다. 전경들은 학교 밖으로 철수했고 그들도 세를 불려 교문 앞에서 학생들의 진출을 막았다. 그러나 곧 학생들은 교문을 뚫고 시내로 진출했다. 학교 안에서 시내 중심가까지 집회의 연설과 인터뷰를 담은 녹음테이

프가 나에게 있었다. 긴장과 공포의 시간이 흘렀다. 학교 방송국장 선배는 나에게 오늘부터 집에 들어가지 말라고 했다. 헬기에서 찍은 집회 영상에 내가 녹음기를 들고 취재하는 모습이 나왔다고, 그래서 경찰이 나를 찾고 있다는, 어쩌면 나보다는 녹음테이프를 확보하려는 것 같다는 친구의 전언이 내가 도피하고 있는 이유였다.

경애와 나는 자주 마주쳤다. 캠퍼스에서, 학생 식당에서, 학교 방송국에서 마주쳤다. 순전히 우연이었다. 사실 그녀의 집에 딱 한 번 가 본 적이 있다. 경애가 생일날 친구들을 초대했는데 신기하게도 열두 명 모두 남자였다. 난 그중 하나였다. 내가 왜 그 자리에 끼었는지도 알지 못했다. 20대 초반 딸의 친구들을 위해 성대한 생일상을 차려 주는 세계가 있다는 것도 처음 알았다. 난 몹시 주눅 든 상태에서 거의 처음 보는 음식들을 먹고 나왔다. '나를 왜 초대했느냐'라고 묻기조차 민망한 열두 명 중 하나였다.

그녀의 호화로운 집과 정갈한 음식, 식구들의 교양 있는 말투는 확실히 다른 세계의 그것이었다. 원목으로 치장된 거실의 벽에는 비싸 보이는 그림이 여럿 걸려 있었다. 온갖 나무를 심은 뜰이 넓은 창을 통해 한눈에 들어왔다. 평화와 질서가 있는 가정이었다. 나는 의기소침했다. 경애는 모든 친구에게 골고루 관심을 주었으므로 나는 십이분의 일만큼 관심을 받았다. 이것이 나와 그녀의 관계였다. 그러므로 어깨를 펴고 다니라든지, 표정을 밝게 가지라든지 이런 말은 그냥 아무 연결도, 기약도 없이 허공에 흩어지는 먼지 같은 것이었다. 내 기억에 선명하게 남은 그 말은 경애 편에서는 곧바로 잊어버린 아무 의미 없는 말이었다. 차이가 상상을 벗어나면 도전 의식마저 사라진다는 것을 느꼈다. 그것이 종종 내가 알 수 없는 우울함을 느낀 원인이었다.

이제 경찰들은 완전하게 이곳에서 철수한 듯했다. 많은 생각이 스쳤다. 이 창고에서 10분, 아니 5분이라도 더 있을 수 있다면 난 무엇을 할 수 있을까. 어떤 말을 할 수 있을까. 좁은 공간에 단둘이 있었다는 것이 그냥 상황이 준 경험인지, 둘에게만 있었던 특별한 것인지도 헤아리기 어려웠다. 사실 나는 시종 설렜지만 들키지 않으려 노력했다. 이 관계의 끝은 예상할 수 없다. 나에게 좋은 쪽은 아닐지도 모른다. 그 결과에 대비하여 감정 소모를 절제해야 했다. 나와 경애는 다른 세계에 살고 있었고, 삶과 생활, 친구, 대화, 취미 모든 것이 달랐다. 현실에서 우리를 잇는 끈은 하나도 없다는 사실이 창고 안을 더욱 허허롭게 했다. 내가 더 강렬한 감정을 느낄수록 수습 불가의 상황이 올 수도 있으므로, 난 어떻게든 다치지 않으려 노력하는 중이었다.

    창고에서는 꽤 오랜 시간 있었으나 아무것도 기억에 남지 않았다. 우린 말이 없었고, 각자의 방식으로 공포의 뒤끝을 수습했다. 창고 밖으로 나왔을 때 먼동이 트고 있었다. 손은 잡지 않고 있었다. 잡았던 손을 언제 놓았는지 기억도 없다. 땀이 식은 목덜미로 서늘한 공기가 파고들었다. 오싹한 냉기였다. 창고에서 나온 후엔 큰길을 향해 나란히 걸었다. 다시 손을 잡을 용기는 나지 않았다. 경애가 내게 의지하여 도피했던 어제와 오늘 새벽의 어색한 상황은 분명 달랐다.

    불과 몇 시간 전의 일이 마치도 먼 과거의 기억처럼 흩어졌다 모였다를 반복했다. 무슨 말인가 하고는 싶었으나 입속에서만 맴돌 뿐 아무 말도 할 수 없었다. '같이 도망 다니니 좋았다'

든가, '좁은 공간에 함께 있을 때 기분이 묘했다'는 말은 얼마나 웃긴가. 단 한 문장이라도 대화를 나누고 싶었지만 길고 길었던 밤과 달리 새벽 시간은 빠르게 흘렀다. 큰길가로 나왔다. 저편에서 경애를 발견한 중년 여인의 목소리가 들려왔다. 그때 그녀의 집에서 들었던 교양이 가득한 그 목소리였다.

"경애야, 아니 어디서 밤을 새우고 온 거니. 온 식구가 밤새도록 찾았다……."

갑자기 경애가 여인을 향해 뛰어갔다.

"엄마, 나 무서워서 혼났어."
"그래, 어디 보자. 다친 데는 없고? 어서 차로 가자."

나는 경애가 한 번쯤은 뒤를 돌아볼 거라 생각했다. 그래서 그녀가 검은 승용차에 올라탈 때까지 움직이지 않고 서 있었다. 그러나 그녀는 끝내 뒤를 돌아보지 않았다. 나와 그녀 사이에 놓인 경계가 확인되는 순간이었다. 물어볼걸 그랬나. 왜 나는 한마디도 못했지? 질문 정도는 할 수 있지 않았을까? 꼭 나에 대한 감정이 아니더라도 그냥 일상적인 대화는 할 수 있지 않았을까? 그녀는 내가 쫓기고 있다는 것을 알고는 있었을까? 그날 새벽 유일하게 들은 "무서워서 혼났다."는 말만 남기고, 경애는 차에 몸을 실었다. 미끈하게 빠진 검은 승용차는 이내 내 시야에서 멀리 사라졌다. 차가운 새벽안개가 내 몸을 감쌌다. 난 오랫동안 그 거리에 서 있었다. 다시 가슴에 격렬한 통증이 밀려왔다.

춤을 추다

오늘도 지영은 학교에서 '못생겼다'는 말을 들었다. 그것도 가장 친한 소라에게서. 학교 본관 앞 등나무 벤치에 앉아 담임 이야기, 소라가 좋아한다는 체육 선생님 이야기, 남자아이들 이야기까지 쉬는 시간 10분 동안 한참 수다를 떨다 갑자기 소라가 정색하며 내뱉은 한마디였다.

"근데 지영아, 너 솔직히 너무 못생겼어……."

뜬금없는 소라의 외모 지적은 딱히 놀랄 일도 아니다. 하루에 한두 번씩 꼭 듣는 말이니까. 지영이가 하루에 가장 많이 듣는 말이기도 했다. 별로 친하지 않은 여자아이들, 또 남자아이들이 수시로 지영의 외모를 지적했다. 지영은 눈을 치켜뜨고 소라에게 말했다.

"그래, 나 못생겼다. 어쩔래?"
"오, 못생긴 거 인정? 지영이 너, 나 아니면 누가 놀아 주냐. 나에게 고맙다고 해."
"그러는 너는? 넌 얼굴도 예쁜데 아무도 안 놀아 주잖아. 오히려 나한테 고마워해야 하는 거 아니야? 얘가 같이 놀아 주니까 아주 지가 잘난 줄 알아."

둘은 그렇게 티격태격하며 교실로 향했다. 담임인 민 선생이 가르치는 수학 시간이었다. 지영은 3학년에 올라와 첫 시간만 빼고 잠을 잤다. 한 번은 얼마나 곤히 잤던지 주변 아이들도, 심지어 민 선생도 깨울 엄두를 내지 못했다. 살짝 코까지 골거나 알 수 없는 헛소리까지 곁들이며 깊게 잠을 잤는데, 어쩌다 깨우면 볼멘소리를 했다. 민 선생은 지영이 앉은 자리 옆을 지나며 나지막이 말했다.

"지영아, 오늘 공부하는 내용 중요한 건데 또 자니? 이건 쉬운 내용이니까 잠깐만 일어나서 공부하다가 잘래?"

지영은 눈을 게슴츠레 뜨고 담임을 올려다보았다. 머리는 헝클어지고 입가엔 침이 묻은 상태로 지영은 천천히 입을 떼었다.

"아, 샘…… 지금 깨우면 어떡해요? 그래도 첫 수학 시간엔 안 잤잖아요. 그거 엄청 노력한 건데."
"그래, 그래. 그땐 아주 큰일 했다. 그럼 더 자라."

아이들이 웅성거렸다. 그리고 앞서거니 뒤서거니 한마디씩 했다.

"샘, 애를 그 모양으로 다루니 점점 더 버르장머리가 없어지잖아요. 따끔하게 혼 좀 내 주세요."
"쟤는 복도 많지. 못생긴 주제에 아주 담임샘 사랑은 독차지야. 샘, 너무 봐주시는 거 아니에요? 저번에 전 잠깐 졸았다고 혼내시더니. 아주 차별이 몸에 배셨어. 이러시는 거 아니죠."

준혁이 나섰다.

"그만하고 공부 좀 하자. 쟤가 깨서 공부한다고 머리에 뭐가 들어가겠니? 안 자고 있는 사람들이라도 공부하자고."

아이들이 이구동성으로 소리쳤다.

"누가 범생이 아니랄까 봐. 너나 혼자 열심히 공부하시지?"

민 선생에겐 익숙한 일이라 한차례 소란이 끝나기를 기다렸다가 수업을 계속했다.

"자, 그러니까 여기서 엑스가 이항이 됐잖아요?"

아이들이 받아쳤다.

"네네, 용의자 엑스의 헌신이라고나 할까요?"

수학 시간은 끝났으나 지영은 아직 잠에서 깨지 않았다. 소라는 지영을 흔들었다.

"야, 지영아! 일어나. 쉬는 시간까지 자냐? 그렇게 엎드려 자니깐 네 얼굴이 점점 더 넓어지는 거야. 아까운 시간 다 지나가네. 얘가 그래도 노는 시간은 잘 지키더니만 요샌 아주 잠 귀신이 붙었네? 자, 지영아, 일어나자. 옳지. 옆 반에 잘생긴 애가 전학 왔다네. 보러 가야지?"

지영은 소라의 '잘생긴 애'라는 말에 부스스 몸을 일으켰다.

"누가 왔다고? 잘생긴 애? 그럼 가 봐야지."
"우리 지영이는 못생겼어도 잘생긴 남자는 밝히는구나. 가자!"

옆 반은 인근 학급에서 몰려온 여학생들로 넘쳤다. 새로 전학 왔다는 남학생은 딱 보기에도 야리야리하니 순정 만화 속 주인공 같았다. 여학생들은 '전학남'을 둘러싸고 이것저것 묻고 있었다. 소라와 지영도 창문 너머로 전학남을 보았다.

"잘생겼네. 어쩜 얼굴도 저리 작고, 눈도 참 초롱초롱할까."

지영이 혼잣말로 중얼거렸다. 쉬는 시간 10분은 그렇게 지나갔다. 그다음 쉬는 시간에는 전학남을 보러 가는 여학생들이 반으로 줄었고, 오후쯤엔 아무도 관심을 갖지 않았다.

하교 시간이 됐다. 지영은 서둘러 가방을 챙겼다. 담임의 종례가 길게 느껴졌다. 청소 당번이었지만 소라에게 "내 몫까지 부탁해!"라는 말을 남기고는 잽싸게 교문을 빠져나왔다. 학교에서 걸어서 십 분 거리에 지영의 집이 있었다. 빌라가 밀집해 있는 구역의 맨 끝 반지하 집이 지영네 집이었다. 반지하였지만 방이 두 개였고 밖을 볼 수 있는 창문도 있었다. 방 하나는 엄마가 썼다. 그 방에 가끔 어른 남자가 찾아와 머물다 가곤 했다. 나머지 방 하나에 지영과 남동생 둘이 지냈다. 지영과 남동생 둘은 모두 혼외자였다. 지영의 엄마는 결혼한 적이 없지만 세 명의 아이를 낳았다. 모두 아빠가 달랐다. 지영이 집에 들어서자마자 엄마가 소리쳤다. 지영과는 열아홉 살 차이가 나는 엄마였다.

"너는 왜 이렇게 늦니? 수업 끝나고 바로 오면 세 시 반인데 지금 네 시가 다 됐잖아? 난 지금 나가야 해. 애들 아직 점심 못 먹었으니까 먹이고. 난 내일 아침에 들어온다. 애들 잘 봐. 괜히 딴짓하지 말고."

지영의 엄마는 원색의 화려한 옷을 차려입고 화장을 짙게 한 다음 밖으로 나갔다. 지영은 엄마가 어디에서 무슨 일을 하는지 모른다. 가끔 몇만 원씩 던져 주면서 살림에 쓰라고 할 뿐이었다. 그 돈을 받아 시장을 보고 동생들 간식까지 챙기고 나면 티셔츠 하나 사 입기도 빠듯했다. 바로 아래 동생인 지훈이는 초등학생이고, 막내 지동이는 이제 세 살밖에 되지 않았다. 지영 엄마의 나이는 서른넷이었다. 한 번도 결혼한 적이 없었으니 정식 남편도 없었다. 잠깐씩 얼굴을 볼 때마다 지영을 향해 불만을 쏟아 냈고 자주 공치사를 했다.

"내가 너네들 버리지 않고 키웠으니까 너도 지훈이도 학교에 다니는 거야. 내가 돈을 버니까 반지하 전셋집이라도 얻어서 살고 있는 거고. 내가 너희들만 아니면 벌써 팔자 고쳐서 멋들어지게 살고 있을 텐데. 한 번뿐인 인생에 도대체 꼴이 이게 뭐람? 지영이 넌 정말 엄마한테 고마워해야 한다? 내가 널 안 버렸잖아. 너 키우려고 얼마나 힘들었는지 알아? 몇 번이나 죽고 싶었어. 근데 난 안 죽었고 너희들 안 버렸다? 그러니 죽을 때까지 나한테 감사하면서 살아야 돼."

 같은 이야기를 몇 번이나 들었는지 모른다. 도대체 엄마라는 사람은 언제 철이 드는 걸까. 지영은 동생들 간식을 챙겨 먹이고 지훈이를 태권도장으로 보냈다. 그리고 세 살짜리 막내와 근처 놀이터로 갔다. 소라가 그곳에 있었다.

 "왜 이렇게 늦게 나와? 언니가 살살 다뤄 주니까 아주 제멋대로야. 좋니? 너 청소 안 하고 내빼는 바람에 네 몫까지 내가 다 했잖아. 다른 애들이 어찌나 뭐라 하던지. 지똥아, 누나가 하드 사 줄까?"

 소라는 지영의 막냇동생 지동이를 '지똥이'라고 불렀다. 놀이터 옆 작은 슈퍼에서 하드 세 개를 사 온 소라는 지영이와 지동이에게 나누어 주면서 쉴 새 없이 중얼댔다.

"그 새로 전학 온 애 말이야. 아까 청소하고 나오는데 복도에서 나를 이렇게 다정하게 쳐다보는 거 있지? 걘 왜 전학 오자마자 나한테 빠졌다니? 자식, 이쁜 건 알아가지고. 지똥아, 흘리면 안 되지. 자, 이렇게, 이렇게 먹어."

셋은 그렇게 놀이터에서 시간을 보내다 소라는 집으로 돌아갔고, 지영과 지동이도 반지하 집으로 돌아왔다. 세 살배기 지동이는 누나가 힘든 걸 아는지 혼자서도 잘 놀았다. 지동이 옷에서 모래가 한 주먹 쏟아져 나왔다. 옷을 벗겨 세탁기에 던져 넣고 새 옷으로 갈아입히려는데, 건조대에 걸려 있는 아직 마르지 않은 옷밖에 없었다. 할 수 없이 초등학생인 둘째의 티셔츠를 입혀 놓으니 옷이 바닥에 질질 끌렸다. 지영은 픽 웃음이 났다. 지동이도 웃었다. 그리고는 두 방과 거실을 뛰어다녔다. 태권도장에 갔던 지훈이가 돌아왔다.

"지똥아, 너 왜 형 옷을 입고 있어? 푸하하! 누나, 애 좀 봐. 옷이 바닥에 질질 끌리네. 지똥아, 잘 입어. 더럽히지 말고. 형이 또 입어야 하니까."

지훈이는 성격이 좋았다. 아마 지동이도 그럴 것이다. 가끔씩 지영은 혼자 숨죽여 울곤 했다. '난 왜 이렇게 철없는 엄마를 두었을까. 아빠는 얼굴도 모르고, 동생 둘도 제각각 아빠가 다른데 도대체 나는 언제 한번 행복해 보나? 다른 애들과 어울려 놀고 싶어도 그럴 시간도 없고. 시간이 있다고 해도 이렇게 못생겨서 소라 빼고는 아무도 안 놀아 주겠지…….' 그런 생각들을 하며 삼십 분쯤 울고 나면 왠지 모르게 개운해지기도 했다. 그러다가도 언제 그랬냐는 듯 지영은 동생들 밥을 챙겨 먹였다. 그리고 책상에 앉아 "그래도 다행이야."라며 혼잣말을 하곤 했다.

'철이 없는 엄마이긴 해도 우릴 버리지 않았으니 그게 어디야. 또 반지하 전셋집이라도 있고, 엄마가 가끔 몇만 원씩 생활비라도 주니 나와 동생들이 굶어 죽지는 않잖아. 아빠는 없어도 소라네 아빠처럼 때리는 아빠가 있는 것보다 낫지. 그것도 참 다행이야.' 지영은 자신이 못생긴 것 빼고 모든 것을 축복처럼 느끼려고 했다. '내가 조금만 더' 예쁘게 생겼으면 좋겠지만 나중에 돈 벌어서 성형하면 되지 뭐. 밤 아홉 시가 되면 지동이는 잠들었고, 그때부터 지영은 설거지와 청소를 했다. 그리고 다음 날 아침에 먹을 반찬을 만들었다. 소시지도 볶아 놓고, 계란도 미리 부쳐 놓았다. 네 식구가 입었던 옷도 모아 빨래통에 넣었다. 주말에 몰아서 세탁을 하려니 빨랫감은 넘쳤고, 세탁기를 두 번 돌릴 때도 많았다.

열 시가 되면 지훈이가 잠들었다. 지영은 지훈이와 지동이가 평화롭게 자는 모습을 보면서 그것도 다행이라 생각했다. 이때쯤 지영의 몸은 파김치가 됐다. 대략 열한 시쯤이면 어김없이 소라에게서 전화가 왔다. 놀이터에서 헤어지고 얼마 되지 않았지만 둘은 그날 있었던 일로 수다를 떨었다. 소라와 통화를 하고 나면 비로소 지영의 하루 일과가 끝났다. 집에 어른 남자가 오지 않는 날엔 엄마 방에서 잘 수도 있었다.

엄마가 가끔 새벽에 어른 남자와 함께 들어올 때면 지영은 방을 비워 주고 동생들이 있는 작은 방으로 가야 했다. 엄마 방에서 낯선 어른 남자의 웃음소리가 들리면, 지영은 반지하라도 방이 두 개나 있으니 다행이라 생각했다. 만약 방이 하나였다면……? 생각만 해도 끔찍했다. 엄마 방엔 퀸 사이즈 침대가 있었다. 훨씬 편안한 잠자리였다. 화장대에는 화장품이 가득했다. 가끔 지영은 이것저것 찍어 바르고 칠해 보기도 했다.

거의 매일 새벽에 돌아오는 엄마는 무너지듯 침대에 몸을 던졌다. 그리고 바로 곯아떨어졌다가는 다음 날 점심때가 다 되어 일어났다. 점심 후에는 몸단장을 하고 외출을 하기 위해 지영이 학교에서 돌아오기를 기다릴 것이다. 지영은 미리 해 두었던 밥을 전자레인지에 데우고 반찬 몇 가지를 챙겨 동생들에게 먹였다. 초등학교 삼학년이 된 지훈이는 혼자 공부하기 힘들어 했다. 엄마는 지영이 돌봐 주어야 한다고 했다. 그럴 때마다 지영은 당당하게 말했다.

"나도 모르는데 어떻게 가르쳐? 엄만 나 한 번도 공부 안 봐 줬잖아."
"그런가? 호호호…… 나도 학교 다닐 때 공부 꼴찌였는데. 얘, 우린 공부하고 담쌓은 가족인가 보다."

지영 엄마는 해맑았다. 지금도 자기를 이해해 주는 좋은 남자를 만나면 팔자가 확 펼 거라는 착각 속에 살고 있다. 엄마는 점심때까지 잠을 잤고 지동이는 혼자 놀았다. 세 살밖에 안 됐지만 지동이는 혼자 잘 놀았다. 엄마 주변을 맴돌다 그 옆에 쓰러져 자기도 했고 위험한 물건엔 손대지 않았으며 우는 일도 거의 없었다. 엄마가 술에 취해 돌아온 다음 날이면 지영은 학교에서 안절부절못했다.

 엄마 걱정이 아니라 지동이 걱정 때문이었다. 엄마는 겨우 제 한 몸 씻고 단장하는 일 말고, 다른 집안일에는 거의 신경 쓰지 않았다. 지영이가 해 놓은 밥과 밑반찬으로 지동이와 함께 점심을 먹는 것이 가족과 함께하는 유일한 시간이었다.

 지영은 담임이 가르치는 수학 시간엔 잠을 자도 아무 소리 안 들어서 좋았지만 다른 수업 시간에는 매번 졸다가 지적을 받았다. 그럴 때마다 아이들은 '못생기고 말 안 듣는 애는 혼 좀 나야 한다'며 조롱했다. 같은 반 아이들 중 소라만 유일하게 지영을 걱정했다. 담임인 민 선생은 다정다감한 사람이었다. 수학 시간에 곤히 자는 지영의 모습을 보고 차마 깨울 수가 없었던 민 선생은 교무실의 자기 자리로 돌아와 업무 수첩을 펼쳤다.

 민 선생은 언젠가 한 번 지영과 대화할 때 아버지는 집을 나갔고, 어머니는 아프다는 말을 들은 적이 있었다. 학교생활기록부에는 아버지 란이 비어 있었다. 다만 엄마의 나이가 지영과 열아홉 살 차이밖에 나지 않는 것에서 어렴풋이 짐작만 할 뿐이었다. 민 선생은 볼펜을 들고 업무 수첩의 빈 공간에 써 내려갔다.

    우리 반 신지영 양
    그 아버지 바람 들어 집 나갔고
    그 어머니 화병 나서 정신을 놓았다

    그 바람에 신지영 양
    밥 짓고 설거지에 동생까지 보살핀다

    우리 반 신지영 양
    학교에서 마음껏 잔다
    학교가 쉼터다

    오늘도 신지영 양
    꽃다운 사춘기를 생존과 맞바꾸고

스커트 아래 퉁퉁 부은 다리로

세상을 지탱한다

지금도 신지영 양

책상 위에 엎드려

맘 놓고 코를 곤다

그 모습 평화다

사실 지영에게 집 나간 아버지는 없고, 엄마도 아파서 몸져 눕지 않았다. 담임이 물어보길래 그냥 둘러댔을 뿐이다. 어떤 때는 지영도 담임이 자신을 너무 봐주고 있다고 생각했다. 다른 애들과 똑같이 대해 주어야 할 텐데 잠을 자도 혼내지 않으니 다른 아이들 불만이 높을 수밖에 없다고 생각했다. 그래도 지영은 다행이라고 생각했다. 수학 시간의 잠마저 방해받는다면 학교는 너무 괴로운 곳이었다. 그 시간만큼은 마음껏 자도록 내버려 두는 담임이 지영은 좋았다.

지훈이가 다니는 태권도장에서 '새끼 사범' 노릇을 하는 상헌이는 지영과 같은 학교, 같은 학년이었다. 상헌이는 이미 태권도 검은띠에 삼단 자격증도 있었다. 자기 말로는 아주 어릴 때부터 태권도를 해서 십 년도 더 됐다고 했다. 상헌이는 오른쪽 가운뎃손가락 두 마디가 없었다. 태어날 때부터 그랬던 것인지, 사고를 당해서 그런 건지 아무도 몰랐다. 누가 물어보면 상헌이는 아무리 화가 나도 '뻑큐'를 할 수 없도록 신께서 창조한 것이라 답했다.

태권도장에 온 지훈이에게 상헌이가 다가왔다.

"야! 지훈이 너, 그 못생긴 지영이 동생 맞지?"

지훈이는 누나 이름 앞에 붙는 '못생긴'이란 말을 지겹게 들어 왔지만 평소 좋아하던 태권도 사범 형에게서까지 그 말을 들으니 그만 부아가 치밀었다. 지훈이는 지지 않고 바로 대꾸했다.

"맞는데요. 근데 우리 누나 못생기지 않았는데요?"
"야, 이놈이 자기 누나라고 감싸네? 마 그래도 못생긴 건 못생긴 거야."
"그래도 외모 지적하는 건 나쁜 거예요. 인권 침해라고!"

"그래, 미안하다. 초딩이 아는 게 많네. 아는 게 많으니 먹고 싶은 것도 많겠지? 근데 지훈이는 뭘 좀 많이 먹어야겠다. 운동하려면 잘 먹어야 돼. 삼겹살 같은 거. 누나가 고기반찬 안 해주니?"

"사범 형이나 잘 챙겨 드세요. 우린 매일 고기반찬 먹어요."

상헌이는 지지 않고 맞대드는 지훈이가 귀여웠다. 성격도 좋고 집중력도 뛰어난 지훈이는 이제 몇 개월만 더 열심히 하면 품띠에 이를 것 같았다. 태권도장에 다니는 초등학생들은 상헌이를 '사범 형'이라고 불렀다. 관장은 상헌이에겐 수강료를 받지 않는 대신 하루 한 시간씩 아이들에게 태권도를 가르치도록 했다. 가끔 용돈도 주었다. 스물댓 살쯤 된 사범이 하나 있었지만 요새 바람이 들었는지 자주 결근을 하기도 했고, 가르치는 것도 성의가 없어서 관장은 불만이 많았다. 군대에서 갓 전역하여 아이들의 군기를 잡는답시고 거칠게 다루는 것도 못마땅했다. 적당한 때에 자르리라 마음을 먹었다. 상헌이가 몇 살만 나이를 더 먹었어도 정식 사범을 시킬 수 있는 건데 하며 아쉬워했다.

상헌이는 오른쪽 가운뎃손가락 두 마디가 없는 것 빼고는 사범 역할을 하기에 어디 하나 나무랄 데가 없었다. 태권도장의 사범은 운동만 잘한다고 되는 게 아니었다. 무엇보다 아이들과 잘 놀아 줘야 하고, 도장에 있는 동안 아이들을 잘 보살펴야 했다. 괜히 고난도 운동을 가르친다고 설치다간 사고가 날 수 있고 그러면 금방 소문이 나 부모들이 도장을 옮길 테니 말이다. 관장은 "요즘 도장은 그냥 돌봄 서비스야." 하면서도 아이들이 줄어들까 걱정했다. 십 년 전까지만 해도 사시사철 태권도를 배우려는 아이들의 발길이 끊이지 않았는데, 작년부터 눈에 띄게 아이들이 줄었다. 인구가 줄어든다는 말이 피부로 확 와닿았다.

상헌이는 어렸을 때부터 관장이 끼고 가르친 아이였다. 이놈이 열다섯 살이 되니 어깨가 떡 벌어지고 운동능력도 정점에 이르러 국가대표로 키워도 손색이 없을 정도가 되었다. 그런 까닭에 관장은 메인 사범보다 상헌이를 더 아꼈다. 전에는 도장에 수강생을 실어 나르는 전용 봉고 차와 기사까지 두었지만, 이제는 그럴 형편이 되지 못해 하루 두 번 지입 차량을 쓰고 한 달에 한 번씩 운행비 정산을 했다. 주로 유치원 차량을 운행하는 기사들이 가외 시간을 이용하여 아르바이트를 했다.

관장은 이런 도장의 어려움만 아니면 어리긴 해도 상헌이를 정식 사범으로 쓰고 용돈이 아닌 월급을 주고 싶었다.

  관장은 상헌이의 형편을 누구보다 잘 알고 있었지만, 어느 한도 이상은 알은체하지 않았다. 엄마가 집을 나가고 막노동을 하는 아빠와 살고 있다는 것은 알았지만 그것을 일부러 언급하지는 않았다. 가끔 상헌 아빠는 술에 취해 관장을 찾아와 도장에서 상헌이를 공짜로 부려 먹는다고 호통치면서 술값을 받아 가곤 했다. 도장 문을 닫을 때쯤 찾아오면 관장은 상헌 아빠를 따라가 근처 편의점 밖에 놓인 테이블에서 술친구가 되어 주기도 했다. 관장은 고개를 끄덕이며 상헌 아빠의 이야기를 들었다. 상헌 아빠는 말이 많은 사람은 아니었다. 두 남자는 그저 눈을 끔뻑거리며 묵묵히 술잔을 비우다가 헤어지곤 했다.

  상헌 아빠는 일이 있을 땐 지방에 가서 보름에서 한 달씩 머물다 올라왔다. 건축 공사장에서 벽돌 쌓는 일을 한다고 했다. 전화로 일감을 받을 때에는 '조적'이나 '쓰미' 같은 말을 섞어 대화했다. 상헌 아빠와 상헌이에게 즉석밥을 데워 먹는 것은 아주 오래된 익숙한 일이었다. 상헌 아빠는 가끔 폭음을 하는 것 말고는 성실하고 온순한 사람이었다. 일감이 자주 들어올 때는 수입도 좋았다.

일감이 없을 땐 한 달까지도 쉬는 경우가 있었다. 대체로 한 달에 열흘에서 보름 정도 일하는 편이었다. 막일을 하다 보니 여기저기 아프고 쑤신 곳이 많아 쉴 땐 동네 병원을 찾아 물리치료를 받았다. 일하면서 사귄 사람 말고는 친구도 없었다. 가끔 혼자 술을 먹다 문득 적적함을 느끼면 도장으로 찾아가 관장을 불러냈다. 두 남자는 그렇게 편의점 야외 파라솔 밑에서 별말 없이 소주나 맥주를 마시곤 했다.

그렇다고 상헌 아빠가 관장을 자주 찾은 것은 아니었다. 너무 자주 찾아가면 관장이 싫어할 것 같았기 때문이다. 상헌 아빠는 자기 때문에 남이 불편해 하는 것을 견딜 수가 없었다. 가끔씩은 도장에서 집으로 돌아오는 상헌이에게 삼겹살을 사 오라고 시켰고, 소주를 마시면서 상헌이에게 삼겹살을 먹으라고 재촉했다. 운동을 한다는 녀석이 부실하게 먹는 것 같아 늘 안쓰러웠다.

도장에서 돌아온 지훈이는 씩씩거리며 누나에게 말했다.

"누나, 우리 삼겹살 구워 먹자. 고기 먹고 싶어."

"그럴까? 그럼 삼거리 정육점에 가서 삼겹살 오백 그램만 사 와. 그리고 남은 돈만큼 슈퍼에 들러서 상추도 사 오고."

 지영은 지갑을 뒤져 꼬깃꼬깃 접힌 만원짜리를 꺼내 지훈에게 주었다. 지훈이는 몹시 즐거운 얼굴로 엉덩이를 흔들며 뛰어나갔다.

"지동아, 우리 고기 먹자. 좀 이따 형이 고기 사 올 거야."

 지동이는 박수를 치면서 "고기! 고기!"를 외쳤다. 지영은 지동이의 박수 소리를 들으며 상을 차렸다. 잠시 후 지훈이가 상추와 삼겹살을 들고 왔다. 지영은 상추를 씻고 지훈이는 즉석밥 두 개를 꺼내 전자레인지에 넣고 돌렸다. 소형 가스레인지에 프라이팬을 올리고 달구어지길 기다려 삼겹살을 구웠다. '지지직' 소리를 내며 삼겹살이 오그라들었다. 지영은 노릇하게 구운 삼겹살을 상추에 싸서 쌈장을 얹어 지동이의 입에 넣어 주었다. 그리고 지동이가 고기를 씹기도 전에 물었다.

"맛있어?"

"응!"

지훈이도 상추 위에 큼직한 삼겹살 조각을 올리고, 그 위에 밥도 얹은 다음 크게 싸서 입안 가득 넣었다. 볼이 부풀어 올랐다. 지영도 상추에다 삼겹살을 올리고 김치도 한 조각 얹어 입에 넣었다. 기름진 육즙이 입안 가득히 퍼졌다. 프라이팬에서는 연신 바지직거리는 소리와 함께 삼겹살이 익어 갔다. 지훈이와 지동이의 얼굴에 행복감이 넘치는 듯했다. 지영은 다행이라고 생각했다.

이렇게 동생들과 삼겹살을 구워 먹을 수 있으니 다행이었고, 지훈이와 지동이가 큰 탈 없이 잘 자라 주니 그것도 좋았다. 또 엄마가 밤에 일하고 낮에는 집에 있으니 낮 동안 지동이를 봐줄 수 있는 것도 정말 다행스러운 일이었다. 고소한 육즙이 입안 가득 퍼질 때, 지영은 뿌듯했다. 그때 불룩한 볼로 오물오물 고기를 씹으며 지훈이가 말했다.

"누나, 우리 도장에 그 사범 형 있잖아. 이름이 상헌인가."

"알아, 1학년 때 같은 반이었어. 그 운동 잘하고 오른쪽 손가락 없는 애, 근데 걔가 왜?"

"그 형 참 좋은 것 같아. 나한테도 잘해 주고. 운동도 되게 열심히 해. 땀을 뻘뻘 흘리면서도 진짜 집중력 짱이야. 나도 그렇게 운동 잘하면 좋은데."

"그래? 지훈이한테 잘해 주면 좋지 뭐."

"근데 그 형이 누나 얘기를 했다?"

"상헌이가 내 얘기를? 요즘 거의 얼굴 본 적도 없는데. 무슨 얘기했는데?"

"음…… 그냥 뭐, 까먹었어."

지영은 궁금했지만 더 묻지 않았다. 삼겹살 오백 그램은 셋이 먹기에 부족했다. 오늘따라 지동이도 잘 먹었고, 지훈이는 거의 미친 듯이 달려들어 채 이십 분도 안 되어 프라이팬 바닥이 드러났다. 지훈이가 아쉬운 듯 말했다.

"누나, 다음엔 일 킬로 먹자. 난 다 먹을 수 있어."

"그래, 그러자. 남으면 김치찌개 끓여 먹으면 되니까."

지동이는 졸음이 몰려오는지 눈을 반쯤 내리깔고 있었다. 지영은 지동이를 끌고 화장실로 들어가 기름이 잔뜩 묻은 손을 씻기고, 칫솔에 치약을 묻혀 입에 밀어 넣었다. 잠시 후 화장실에서 나온 지동이 얼굴에는 물만 조금 묻어 있고, 입가에는 하얀 치약 거품이 그대로 묻은 채였다. 지영은 물티슈를 한 장 뽑아 지동이의 얼굴과 치약이 묻은 입가를 꼼꼼히 닦아 주었다. 지동이는 이내 자리에 쓰러져 잠이 들었다.

조금 있으면 지훈이도 잠자리에 들 것이다. 지영은 대충 정돈하고 개수대에 다 먹고 난 그릇들을 옮겼다. 어김없이 소라에게서 전화가 왔고 잠시 통화를 했다. "설거지하고 자야 하는데……." 하면서도 몸이 노곤해진 지영은 그대로 잠들어 버렸다. 내일 아침 조금 일찍 일어나서 설거지부터 하자는 마음이었다. 어쩌면 새벽에 들어온 엄마가 소리 없이 설거지를 해 놓을 수도 있고. 긴 하루였다. 지영에게는 매일이 길었다.

지영은 수학 시간 말고 다른 수업 시간엔 억지로라도 깨어 있으려 했다. 자기들은 지영에게 못생겼단 말을 밥 먹듯이 하면서도 반 아이들은 교사가 외모 지적하는 것을 참지 못했다.

소라가 좋아하는 체육 선생님이 운동장에서 뜀틀 수업을 하다가 운동능력이 떨어지는 지영을 향해 중얼거린 적이 있었다.

"못생긴 녀석이 운동도 못하네."

이 말을 옆에서 들은 여학생들이 들고일어났다.

"샘, 지금 뭐라고 하셨어요? 외모 지적하시면 안 되죠. 빨리 지영이한테 사과하세요.. 요즘 때가 어느 땐데."

체육 선생님은 결국 지영에게 '미안하다'며 사과했다. 지영은 상황을 이해하지 못해 두 눈만 멀뚱거릴 뿐이었다. 소라가 놀렸다.

"너 체육 시간 싫지? 운동도 못해, 잠도 못 자."
"근데 왜 체육 샘이 나한테 사과한 거야?"
"그거 몰랐어? 어쩌면 애가 이렇게 무디니 그래? 그냥 죽 모르는 게 낫겠다. 들어가야지. 점심시간이다."

세면대에서 손을 씻은 아이들이 급식실 입구에 줄을 섰다. 반별로 한 줄씩 세 줄로 서서 배식대로 향했다. 바로 옆에 상헌이네 반이 줄을 섰다. 상헌이와 눈이 마주친 지영은 상헌이가 자기 이야기를 했다는 지훈이의 말이 생각났다. 일 학년 때 같은 반이어서 안면은 있던 사이라 지영이 말을 건넸다.

"야, 너 내 동생한테 내 얘기했다면서?"

작게 말한다는 것이 주변 아이들한테까지 다 들릴 정도로 크게 나왔다. 상헌이는 당황했다. 아니 지훈이라는 놈이 내가 '네 누나 못생겼다'고 한 말을 전했나? 주변의 아이들은 호기심 어린 눈으로 둘을 주시했다. 지영은 상헌이가 자신에 대해 무슨 말을 했는지 궁금했을 뿐이었는데 상헌이는 확실히 당황한 눈치였다. 아이들은 "오, 오……! 이렇게 사랑이 싹트나요?"라고 놀려 대며 흥미롭게 지켜보았다.

"아니, 그, 그게……. 도장에서 운동하다가 그냥 일 학년 때 같은 반이었다고 했는데."
"그래? 알았어. 밥 먹어라."

지영이 상헌이로부터 시선을 거두기가 무섭게 아이들은 "아니, 시작도 하기 전에 이렇게 끝이 나나요?" 하면서 깔깔대고 웃었다. 사실 지영은 궁금했다. 도대체 무슨 얘길 했길래 지훈이가 까먹었다며 하려던 말을 주워 담았는지 말이다. 그런데 겨우 '일 학년 때 같은 반이었다'는 정도의 이야기라니. 운동만 잘했지 영 싱거운 애라고 생각했다. 배식대 앞의 줄이 줄어들면서 지영과 상헌이도 앞으로 나아갔다. 둘은 말이 없었지만 이상하게 지영의 가슴이 두근거렸다. 소라가 뒤에서 옆구리를 찔렀다.

"야, 뭐라고 해 봐. 그냥 끝낼 거야?"
"뭘 끝내? 아무것도 아닌데."

그날 지영은 급식이 입으로 들어가는지, 코로 들어가는지 모를 정도로 경황이 없었다. '거참 웃기는 놈이네. 자식이 싱겁기는.' 이 말만 속으로 중얼거렸다. 지영의 몸에서는 항상 '집안일'의 냄새가 났다. 소라가 방향제를 건네주면서 이야기해 준 적이 있기 때문에 지영도 알고 있었다. 매일 하는 식사 준비, 설거지와 청소, 세탁, 동생 씻기고 먹이고 입히는 일, 가끔 새벽에 들어온 엄마를 챙기는 일까지 지영은 자기 몸을 돌볼 새가 없었다. 때로 교복을 입은 채로 식사 준비를 하니 옷에 냄새가 배는 것은 당연했다.

아이들은 못생긴 데다 냄새까지 나는 지영과 좀처럼 가까워지려 들지 않았다. 오직 소라만이 지영을 위해 말했고, 시간을 투자했고, 용돈을 썼다. 지영은 나중에 그 고마움을 모두 갚으리라 생각했다. 점심 식사가 끝나고 나올 때 지영은 다시 상헌이와 마주쳤다. 가슴이 뛰었다. 운동장으로 향하던 상헌이가 말을 붙여 왔다.

"저기, 그 언제 삼겹살 먹지 않을래?"

소라가 먼저 대답했다.

"그럼! 먹어야지. 니가 사는 거지? 너 도장에서 알바 한다며? 언제 먹을래?"

소라는 지영을 꾹꾹 찌르며 빠르게 대답했다. 지영은 생각했다. 상헌이가 했다는 말은 고작 '일 학년 때 같은 반이었다'는 건데, 뜬금없이 삼겹살을 먹자고? 그런데 지영의 가슴이 요동을 쳤다. 소라가 대신 대답했다.

"그래, 지영이랑 나랑, 참 지영이 동생 둘도 나갈 테니까 언제 볼래?"

상헌이도 당황스럽긴 마찬가지였다. '내가 왜 삼겹살을 먹자고 했지? 그냥 미안해서 한 말인데. 갑자기 삼겹살이 왜 튀어나와서……' 대책 없이 들이대는 소라의 말에 상헌이는 얼결에 대답을 하고 말았다.

"응, 저기 내가 오늘 다섯 시에 도장에서 잠깐 나오니까 다섯 시 반에 그 삼거리 초원식당으로 올래?"

소라도 지영도 웃었다. 초원식당은 또 뭐람. 요즘 젊은 사람들 많이 가는 퓨전 고깃집도 얼마나 많은데 그 아저씨 아줌마들이 주로 가는 초원식당이라니. 그래도 뭐 지난번에 양이 적어 동생들이 아쉬워했는데 이번에 실컷 먹으라 해야지. 지영은 들떴다. 동생들 고기 먹일 생각에, 그리고 뭔지 모를 이 싱숭생숭한 마음 때문에도.

상헌이는 관장에게 돈을 좀 쓸 일이 있다고 말했다. 관장은 무슨 일이냐고 묻지 않고 십만 원을 건넸다. 다섯 시 반, 초원식당에는 상헌, 지영, 소라 그리고 지영의 두 동생이 모였다. 지동이는 영문을 모른 채 삼겹살을 또 먹자는 누나 말에 따라 나왔다. 지훈이는 도장에서 상헌이가 잠깐 같이 갈 데가 있다는 말에 나왔다. 소라가 경쾌한 목소리로 종업원을 불렀다.

"여기요, 삼겹살 일단 4인분 주시구요. 음, 그리고 콜라 또 지훈이, 지동이는 사이다. 이렇게 주세요."

상헌이도 지영도 별말이 없었다. 말은 주로 소라가 했다. 소라는 훌륭한 통역꾼이었고 바람잡이였으며 분위기 메이커였다. 지영은 그런 소라의 성격이 늘 부러웠다. 자신은 소라처럼 될 수 없을 거라 생각했다. 소라는 지영이 봐도 예쁜 얼굴이었다. 그래서 하는 말이나 하는 짓도 밉지 않은 거라 생각했다. 그렇게 생각이 미치니 지영은 잠시 우울해졌다.

'내가 아무리 좋은 말을 해도 외모가 받쳐 줘야 남들이 관심 가져 줄 텐데. 근데 뭐 그건 내가 어쩔 수 없는 일이지. 나한텐 챙겨야 할 엄마와 동생들이 있으니 외모에 신경 쓰고 어쩌고 하는 건 사치야.' 지영은 실현할 수 없는 것에 대한 포기가 빨랐고, 매사 긍정적으로 생각하려고 했다. 지영은 물수건을 꺼내 지동이의 손을 정성스레 닦아 주었다. 처음 4인분으로 시작한 삼겹살 파티는 2인분을 추가로 먹고, 된장찌개와 공기밥까지 시켜 싹 비우는 것으로 끝났다.

상헌이는 아빠와 먹던 삼겹살을 떠올렸다. 말없이 삼겹살을 먹으며 아빠는 혼자 소주잔을 비웠었다. 숨이 막힐 정도까지는 아니었지만 둘은 조용하고 진지하게 고기를 먹었다. 오늘 상헌이는 오랜만에 고기를 맛있게 먹었다. 지영의 두 동생은 볼이 터질 정도로 고기를 즐겼고, 소라도 만만치 않았다. 지영도 처음에는 몸을 사리는 듯했으나 결국 마음껏 먹었다. 상헌이는 기분이 좋았다. 특히 지훈이와 지동이가 고기를 맛있게 먹는 모습이 보기 좋았다. 그렇게 갑자기 치러진 삼겹살 파티가 마무리되었다.

이제 서로 집으로 돌아갈 것이며, 지동이가 잠들고, 지훈이가 잠들고, 지영은 소라에게 걸려 온 전화를 받을 것이고, 수다를 떨다가 잠자리에 들면 내일 아침이 밝겠지. 새벽 언제쯤 엄마가 들어올 것이고, 아침을 먹고, 잠들어 있는 엄마에게 "지동이 잘 봐." 하면서 지훈이와 함께 집을 나설 것이다. 지영에겐 편안할 것도 불편할 것도 없는 그저 일상생활이었다. 못생겼다는 소리도 많이 듣고 공부는 못해도 그것 때문에 못 견딜 만큼 괴롭지는 않았다. 따돌림당할 뻔한 적도 있었지만 소라가 옆에서 막아 주었다. 지금보다 더 나빠지지만 않는다면 이 정도 생활에서 더 욕심부릴 일도 없었다.

그날 지동이를 재우고 지영은 오랫동안 거울을 들여다보았다. 거울 속에는 열다섯 살 소녀가 아니라 피곤하고 지친 여인의 모습이 있었다. 지영은 화장실로 들어가 말끔하게 세수를 하고 엄마 화장대 앞에 앉았다. 엄마는 이것저것 복잡한 화장품이 많았다. 어디에 쓰는지 무엇을 먼저 바르는지 모르는 것투성이었다. 일단 스킨과 로션을 바르고, 파운데이션을 고루 펴서 발랐다. 금세 얼굴이 피어났다. 내친김에 분홍색 립스틱도 발랐다. 입술 밖으로 번졌지만 조심스레 닦아 가면서 꼼꼼하게 완성했다. 속눈썹에 마스카라도 칠해 보고 싶었지만 거기까지는 너무 어려웠다. 그 대신 눈가에 조금 짙은 아이섀도를 발랐다. 거울 속에 미녀가 나타났다. 지영은 갑자기 웃었다.

"푸하하! 이것 좀 봐. 지훈아, 여기 좀 와 봐. 어머나, 이걸 어째? 깔깔깔……!"

지훈이가 뛰어왔다.

"누나, 미쳤어? 상헌이 형한테 잘 보이려고 그래?"

지영은 그 상태에서 소라에게 전화를 걸었다.

"웬일로 오늘따라 언니한테 먼저 전화를 했대? 잘 먹었으면 일찍 자야지."
"소라야, 잠깐 영상통화 좀 하자."

지영이 휴대폰을 영상 모드로 전환하자, 잠옷을 입은 소라의 모습이 나타났다. 소라가 외쳤다.

"너 이거 실례인 거 몰라? 갑자기 무슨 영상통화야. 얘가 오늘 왜 안 하던 짓을 하고 그래?"

잠시 후 소라의 비명이 터졌다.

"헐~ 이게 누구야? 어머어머, 내가 미쳐!"

소라는 어설프게 화장한 영상 속 지영의 얼굴을 보고는 몇 번이나 '어머, 어머'를 연발했다. 이렇게 둘은 영상통화를 하면서 깔깔댔다. 지영은 지금 내가 뭐 하는 짓인가 싶으면서도 싫지 않았다. 그래, 그런데 이렇게 맨얼굴을 가리고 다니면 불편하기도 하겠네. 매일 여기 쏟는 시간이 얼마야. 또 화장품값도 많이 들겠는걸? 그날 지영은 화장을 지우지 않고 잠들었다. 새벽에 들어온 엄마가 잠든 지영의 얼굴을 보고 놀랐고, 아침에 깬 지동이는 누나 얼굴이 무섭다며 울었다.

지영과 상헌이가 조금 더 편안하게 대화하게 되었다는 것 외에 그전과 달라진 것은 없었다. 소라는 지영과 상헌이의 관계를 깨지 않도록 '관리'하였다. 조금이라도 이상한 눈치가 보이면 두 사람에게 자초지종을 물어 관계를 회복시켜 놓았다. 지훈이도 상헌이를 잘 따랐고, 지동이도 서툰 발음으로 '사범 형'이라면서 따르곤 했다. 지영과 상헌이는 가끔 동생 둘을 끼고 저녁을 먹었다. 소라는 자주 지영에게 말했다.

"지영이 넌 이 언니 덕분에 연애도 해 보는 거야. 고맙다고 해야지? 모르는 건 그때그때 물어보고. 아유, 애가 공부가 좀 되면 금세 배울 텐데. 이제 얼굴도 좀 가꾸고, 옷도 사 입고 그래."
"얘, 연애는 무슨. 그냥 지훈이 귀여워해 주니까 고맙기도 하고. 가끔 저녁이나 먹는 거지. 상헌이네 아빠도 지방에 출장 가면 보름씩 안 오고 그런다며. 상헌이 혼자 밥 먹기 심심할까 봐 같이 먹어 주는 거야. 그래도 니가 항상 옆에서 챙겨 주니까 고마워. 나의 베프."

이렇게 말하곤 했지만 지영은 소라가 고마웠다. 소라 말이 다 맞았다. 소라가 아니면 누가 지영과 어울려 주었을까. 소라와 있을 때 지영은 든든했다. 확실히 소라는 지영보다 한두 살 더 먹은 언니처럼 아는 것도 많았고 붙임성도 좋았다. 주변의 모든 사람들이 고마웠다. 다 연결된 가족 같았다. 우리 지훈이, 지동이 잘 크고 있고, 소라와 상헌이까지. 또 상헌이 도장의 관장님도 좋은 분 같았다. 상헌이 말을 들어 보면 상헌 아빠도 좋은 분인 듯했다. 수학 시간에 잠자는 걸 그냥 넘어가 주는 담임도 고마웠다. 뜬금없이 지영에게 외모 지적해서 미안하다는 체육 선생님도 좋아 보였다. 소라가 좋아할 만했다. 이 모든 것이 지영은 다행이라고 생각했다. 더 바랄 것은 없었다. 그냥 지금 상태에서 더 나빠지지만 않는다면 살 만한 세상이었다.

몇 달이 빠르게 지나갔다. 지영의 엄마는 여전히 새벽에 귀가하며 바로 잠들지 못하는 날이 늘어 갔다. 자주 지동이를 꼭 끌어안고 알 수 없는 말을 중얼거리기도 했다. 지영은 엄마가 갑자기 아프지는 않을까 걱정했다. 늦게 귀가하는 것도, 술 취한 날이 늘어나는 것도 그럭저럭 참을 수 있었지만 혹시라도 엄마가 아프다면 지동이와 지훈이는 물론이고 생활에 위기가 올 것만 같아 불안했다.

상헌 아빠는 일감이 없는 날이 늘어났다. "건설 경기가 좋지 않아."라는 말을 반복했다. 그러면서도 "운동하려면 잘 먹어야 돼." 라면서 상헌에게 고기를 먹였다. 보름에 한 번은 관장을 불러내 말없이 소주잔을 기울였다. 상헌이가 보기에도 저렇게 재미없게 술을 먹는데 술맛이 나나 할 정도로 두 사람은 조용한 술자리를 가졌다.

상헌 아빠는 관장에게 "저놈이 운동으로 먹고살 수 있겠는가?"라며 물었다. 그러면 관장은 "지금대로만 꾸준히 운동하고 대회도 나가고 하면 분명히 가능성이 있어요."라고 답했다. 상헌 아빠는 "아니, 관장도 알다시피 저놈이 가운뎃손가락 두 마디가 없잖아. 그래도 지 좋아하는 운동 하면서 직업도 얻을 수 있겠는가 말이지."라고 걱정했다. 관장은 최소한 도장은 차릴 수 있고, 자신이 돕겠다고 했다. 매번 술자리가 끝날 즈음이면 둘은 꼭 서로를 '형님', '아우'라고 불렀다.

아이들은 여전히 못생겼다며 지영을 놀렸다. 그렇지만 상헌이와 자주 만난다는 소문이 있은 다음부터는 못생겼다는 조롱투의 말이 친밀감의 표현으로 바뀌었다. 상헌이는 남자아이들 사이에서 범접하지 못할 아우라를 가지고 있었다. 오른쪽 가운뎃손가락이 없는데도 태권도가 3단이라는 사실 때문에 상헌이가 만나는 지영을 함부로 대하지 못했다. 가끔씩 일진 패거리들이 상헌이를 삐딱하게 쳐다보곤 했지만 시비를 걸지는 않았다. 상헌이와 지영, 소라는 자주 함께 다녔으며 급식 시간이 겹치는 날엔 서로 마주 앉아 식사를 하곤 했다.

작년에는 지영이 지동이를 학교에 데리고 온 적도 있었다. 하필 시험 보는 날이었다. 엄마는 아침에 집에 들어오지 않았고 돌봄이 필요한 두 살 지동이만 집에 둘 수가 없었다. 무작정 학교에 지동이를 데리고 온 지영은 담임에게 지동이를 맡겼다. 담임은 당황했다.

"아니, 샘은 바로 시험 감독 들어가야 돼. 애 볼 시간이 없다고."

이미 지동이는 담임에게 매달려 있었다. 담임은 부랴부랴 고사 업무를 맡은 교사에게 시험 감독 시간을 조정해 달라고 부탁하고는 지동이를 데리고 여교사 휴게실로 들어갔다. 휴게실에 모여 있던 여교사들이 지동이를 보고 한마디씩 보탰다.

"얘는 누구? 김 샘 숨겨 놓은 아들? 아이고 잘생겼다. 애가 참 순하네."

"그게 아니고요. 우리 반 지영이라고 그 친구 동생이에요."

"그래요? 걔도 참 대단하다. 어떻게 동생을 학교에 데리고 올 생각을 한데요?"

"예 뭐, 집안 사정이 좀 그래요. 자, 지동아, 이리 온."

두 과목 시험을 치르고 나온 지영이 지동이를 찾으러 왔다. 교무실의 모든 교사들이 진풍경을 보았다. 지영은 익숙하게 지동이를 받아 안고는 허리를 숙였다.

"샘, 감사합니다. 샘 아니었으면 큰일 날 뻔했어요. 그럼 가 볼게요. 정말 감사합니다."

지영은 그날 몇 번이고 허리를 숙여 인사하고는 학교를 빠져나왔다. 그리고 그날 늦게 귀가한 엄마를 두고 야단을 쳤다. 내가 지동이 학교 데리고 가서 얼마나 창피했는지 아냐고, 엄마는 그러면 안 되는 거 아니냐고 훈계했다. 겨우 열아홉 살 더 먹은 엄마는 미안하다고 다시는 그러지 않겠다고 다짐했다. 그 이후로 지영 엄마는 아무리 술에 취해도 새벽까지는 들어왔고, 지영이 학교 간 이후에는 지동이를 돌보았다. 그래 봤자 사고만 나지 않게 살피는 수준이었다. 지영은 그것만도 어디냐고 생각했다. 엄마는 우릴 버리지 않았으니까. 제시간에 들어와 주는 것만이라도 해 주면 된다고 생각했다.

엄마가 가끔 주는 생활비는 지영에게 생명줄이었다. 지영은 알고 있었다. 내가 너무 힘든 내색하면 엄마도 미안해 할 것이고, 동생들도 불편할 테니 내가 무너지면 안 된다고 생각했다. 가끔 설움이 북받쳐 혼자 숨죽여 울었지만 평소엔 그러고 싶어도 시간이 없었다. 무엇보다 지영에게는 특유의 낙관이 있었다. 그냥 '잘될 거야'를 되뇌면 시간이 지나갔다. 지동이도 작년보단 올해 돌보기 쉬워졌고, 지훈이도 자기 혼자 즉석밥을 전자레인지에 데워 반찬과 함께 먹을 줄 아니 그것도 고마웠다. 힘들었지만 살 만했다. 더 나빠지지만 않는다면.
가끔 공부를 잘했으면, 얼굴이 좀 예뻤으면 하는 생각을 했지만 그것은 지영의 힘으로 되는 일이 아니었다. 공부할 시간은 거의 없었고, 책만 들여다보면 바로 잠이 쏟아졌으니까. 지영은 공부할 사람은 따로 있는 거라고 생각했다. 공부 좀 하는 애들이 부럽긴 해도 그 애들을 따라갈 자신은 없었다. 지영에겐 미래의 꿈보다 당장의 생활이 급했다. 어쩔 수 없었다. 지영만 바라보는 두 동생을 생각하면 먼 미래를 상상하는 것은 사치였다.

상헌이가 지훈이를 통해 지영에게 저녁을 같이 먹자고 알려 왔다. 휴대폰을 통해 들리는 지훈이의 목소리가 경쾌했다. 마침 저녁 준비를 할 참이었다. 지영은 지동이와 함께 초원식당으로 갔다. 소라는 엄마와 쇼핑을 가야 한다면서 오지 않았다. 상헌이와 지영, 그리고 두 동생이 식탁을 마주하고 앉았다. 상헌이는 관장님이 오늘 용돈을 주셨다면서 삼겹살을 먹자고 했다. 지훈이와 지동이는 좋아라 했다.

상헌이가 가장 싫어하는 것은 혼자 먹는 밥이었다. 아빠는 한 번 일감을 잡아 지방으로 내려가면 최소 보름씩 집을 비웠기에 상헌이는 평일 대부분 아침을 먹지 않고 점심은 학교 급식으로 때웠으며 편의점 김밥이나 어묵으로 저녁을 대신했다. 상헌이 입장에서는 자기와 저녁을 함께 먹어 주는 사람이라면 누구든 고마웠다. 그래서 관장님이 가끔 사 주는 저녁이 더 맛

있었다. 아빠도 가끔 생활비를 주고 가지만, 관장님도 용돈을 주고 저녁도 함께 먹어 주니 고마웠다.

상헌이는 혼자 라면을 끓여 먹을 때 훅하고 들어오는 김 때문에 기침을 하다 문득 허무했다. 열다섯 살 상헌이에게 혼자 먹는 밥은 일종의 형벌 같았다. 어떤 날은 라면을 먹다가 눈물이 나오기도 했다. 그럴 땐 라면 국물과 눈물이 섞여 짠맛이 더 진해졌다. 관장님은 잘 먹어야 운동능력도 좋아진다고 매일 입버릇처럼 말했다. "관장님도 매일 혼자 식사해 보세요. 먹고 싶나." 이렇게 말하고 싶을 때가 많았다. 왜 자기를 걱정하는지 알기 때문에도 그러했다.

상헌이는 한 달에 두어 번 지영이와 동생들과 함께 밥을 먹으면 가족이 된 듯한 기분이 들었다. 누군가와 함께 밥을 먹는다는 것이 이런 기분이구나 하며 상헌이도 맛있게 고기와 밥을 먹었다. 초원식당의 사장은 단골이 된 아이들에게 고기나 밥, 반찬을 계속 추가해 주었다. 밥 먹는 모습이 어찌 그리 이쁘냐며 어떤 때에는 만 원짜리 한 장을 지동이 주머니 속에 넣어 주기도 했다.

밥과 고기를 배불리 먹고 나니 넷 다 세상 부러울 것 없는 표정이 됐다. 넷은 식당을 나와 지영의 집으로 향했다. 빌라가 빼곡하게 들어차 있는 골목을 지나 맨 끝 반지하 집에 이르렀다. 그러나 넷 모두 집에 들어갈 생각이 없었다. 그들은 반지하 지영의 집을 지나쳐 계속 걸었다. 동네 야트막한 언덕 위에는 오래 자란 느티나무 한 그루가 있었다. 그곳에 올라가면 온 동네가 한눈에 들어왔다. 가끔 지영이 올라와 동네를 둘러보며 한숨을 쉬곤 하는 그 자리였다. 거리에는 이미 어둠이 깔렸다. 갑자기 지영이 말했다.

"얘들아, 우리 춤출까?"
"누나, 왜 그래? 미쳤어? 난 싫어. 형은 좋아?"

지훈이는 뜬금없는 누나의 말에 놀라며 주위를 두리번거렸다. 지영이 휴대폰으로 노래를 틀었다. 요즘 학생들이 많이 듣는 걸 그룹의 댄스곡이었다. 지영은 휴대폰을 지동이에게 넘기고 서서히 몸을 흔들기 시작했다. 어둠 아래서 지영은 점점 더 빠르게 몸을 움직였다. 그림자도 따라 움직였다.

"에라, 모르겠다."

지훈이는 휴대폰 플래시를 켜서 지영을 향해 마구 흔들기 시작했다. 그러면서 자신도 몸을 움직여 춤을 추었다. 지동이도 음악이 나오는 휴대폰을 좋아라 흔들며 앙증맞게 몸을 움직였다. 상헌이는 이들을 물끄러미 바라보았다. 도대체 이게 무슨 일인가 싶은 표정이었다. 지영의 춤이 격렬해졌다. 지영은 가끔씩 소라가 음악에 맞추어 춤을 추곤 할 때 유심히 보아 두었던 동작을 그대로 따라 했다. 숨이 가빠 오고 땀이 나기 시작했다. 지영의 귀에는 모든 소음이 제거된 음악 소리만 들렸다. 지영의 춤을 보고 있던 상헌이도 서서히 몸을 움직였다.

"헛, 이얍!"

한 번도 춤을 춰 본 적 없는 상헌이는 태권도의 품새를 하고 있었다. 태극 일장부터 시작하여 동작 하나하나를 절도 있게 이어 갔다. 지훈이도 춤을 추다 품새를 따라 하더니 더 신이 났다. 지동이도 손발을 흔들며 소리를 질렀다. 얼마나 격렬하게 춤을 추는지 지영의 온몸이 땀에 젖었다. 상헌이는 품새의 동작이 고난도가 될수록 자세를 엄격히 지키고 중간중간 주먹을 내지르거나 앞차기, 옆차기를 하며 기합을 넣었다. 상헌이는 지금껏 해 본 품새 중 가장 몰입해서 진지하게 했다.

 눈을 질끈 감고 춤을 추던 지영이 눈을 떴다. 상헌이와 두 동생을 바라보며 웃었다. 동생들도 따라 웃었다. 지영은 멈추지 않고 춤을 추었다. 새벽에 귀가하는 엄마의 얼굴이, 뭉개져 형상을 알 수 없는 어느 아빠의 얼굴이, 상헌이와 소라, 그리고 담임 샘, 두 동생의 얼굴이 스쳤다. 매일 동생에게 아침을 챙겨 먹이고, 수학 시간만 되면 깊은 잠에 빠지는 자신의 모습도 스쳐 갔다. 지영의 얼굴은 눈물과 땀으로 범벅이 되었다. 동네 언덕배기의 기묘한 축제는 절정으로 치달았다. 네 사람은 오래 춤을 추었다.

시발 롤 모델

"정중하게 사과하세요! 아이들 앞에서 공개적으로!"

 녀석의 눈에 핏발이 서 있다. 온몸에서 긴장감이 뿜어져 나왔다. 교실 안에는 이 흥미로운 구경거리를 놓치지 않으려는 아이들이 숨죽여 지켜보고 있다. 불과 십여 분 전의 일이었다. 수업 진행을 가로막은 사소한 소란은 복도 쪽 자리에서 일어났다. 두 아이가 수업은 듣지도 않고 손에 권투 글로브를 낀 채 장난을 치고 있었다. 민 선생은 간단하게 주의를 주었다.

 "수업과 관계없는 물건은 가방에 넣어라."

그러나 두 아이는 교사의 말도 아랑곳하지 않고 장난을 이어 갔다. 민 선생은 천천히 아이들 자리로 갔다.

"너희들 장난 때문에 수업이 힘들구나. 권투 글로브는 나에게 잠시 보관하거라. 그리고 수업하자."
"안 되는데요."

권투 글로브를 잠시 보관하자는 민 선생의 말에 두 아이는 노골적으로 저항했다. 아니면 글로브를 민 선생에게 넘겨주기 힘든 또 다른 사정이 있는지도 모른다. 막상 아이들이 말을 듣지 않으니 민 선생은 재차 요구했다. 권투 글로브를 보관하려는 민 선생과 빼앗기지 않으려는 아이들 간에 힘겨루기가 시작됐다. 민 선생과 다른 아이들이 글로브의 한쪽씩 잡고 당겼다. 그때였다. 창가 쪽 자리에서 한 아이가 일어났다. 한쪽 다리에 스테인리스 보조기를 장착한 아이가 철컹철컹 소리를 내며 민 선생 쪽으로 다가왔다.

"잠깐만요. 그건 제 건데요. 돌려주세요."

민 선생은 침착하게 말했다.

"네 것이지만, 이 아이들이 수업 시간에 이걸로 장난을 쳐서 수업을 방해했으니 잠시 보관하고 수업을 계속하는 게 좋을 것 같다."

그러나 녀석은 기어코 권투 글로브를 자기 손에 넣었다. 완강한 태도였기에 민 선생도 넘겨주지 않을 수 없었다. 남은 십 분의 수업이 몇 시간처럼 지나갔다. 끝나는 종이 울리고 수업 가방을 챙겨 밖으로 나가려던 순간 녀석이 벌떡 일어서서 민 선생을 돌려세웠다. 그리고 보조기를 찬 발을 소리 내어 딛으며 교탁 앞으로 와서는 말했다.

"이건 나에게 가장 소중한 물건이란 말이에요! 그걸 샘이 아이들 보는 앞에서 압수하려고 해서 나는 자존심이 완전히 상했어요. 지금 내 마음은 심히 불쾌하다구요. 정중하게 사과하세요. 지금 당장!"

녀석은 민 선생을 향해 거칠게 삿대질을 했다. 그리고는 민 선생이 교실 밖으로 나가지 못하게 막아섰다. 진심 어린 사과를 하지 않았다가는 정말 교실 밖으로 나가지 못할 분위기였다. 주변에 여학생들이 모여들었다. 녀석이 소리쳤다.

"야, 이 씨발년들아, 구경났어? 꺼져!"

여학생들은 조금 물러섰지만 흥미로운 볼거리를 끝까지 지켜보겠다는 의지로 더러는 팔짱을 끼고 더러는 책을 챙기면서 귀를 세우고 사태를 예의 주시했다. 민 선생이 녀석을 향하여 또박또박 말했다.

"나는 너에게 사과할 이유가 없다. 그리고 내 앞에서 학생들에게 욕설하는 것은 학생들에게도 잘못하는 일이지만 동시에 나에게 모욕을 주는 행위이다. 일단 길을 비키거라. 나는 교무실로 가야겠다."
"아니요, 나한테 사과하기 전에 샘은 이 교실에서 한 발짝도 못 나가요."

녀석은 교실 문을 막아섰다. 민 선생은 현기증이 났다. '뭐지,

이 상황은?' 교직에 들어온 지 이십여 년 만에 가장 어려운 사태를 맞았다는 생각이 스쳤다. 또한 이 상황을 어떻게 잘 극복해야 할지 몰라 머릿속이 복잡했다. 많은 생각이, 무엇인가 판단을 내려야 한다는 강박이 짧은 시간 사이에 민 선생의 머리를 헤집었다.

"나는 사과할 일이 없고, 오늘 내가 본 네 행동에 대해서는 분명하게 책임을 묻겠다. 비켜라. 사태를 크게 만들지 마라."
"아뇨! 샘은 절대 여기서 못 나가요. 사과하기 전에는! 나를 만만히 보지 말아요. 내가 초등학교 5학년 때 이미 선생 둘을 잘랐다는 사실 아세요? 샘 실수하는 거예요."

녀석의 표정은 잔뜩 긴장되어 있었다. 여기서 끝장을 보고야 말겠다는 의지가 강하게 뿜어져 나왔다.

"이제 길을 비켜라. 이건 교사로서 내 공식적인 지시다. 난 다음 수업을 준비해야 하고, 너는 네 잘못에 상응하는 책임을 지게 될 거다."
"아, 그러세요? 샘이 여길 그냥 나가면 내 자존심에 상처를 주고 아이들 앞에서 망신 준 거 인정한 걸로 생각할 거라구요. 그래도 사과를 안 하고 나가신다구요?"

민 선생은 참으로 오랜만에 강적을 만났다 싶었다. 교실엔 팽팽한 긴장감이 흘렀다. 아이들은 이 사태가 어떻게 진행될지 여전히 흥미로운 눈으로 주시하고 있었다. 녀석은 사과를 받아 내기가 힘들어지자 한 걸음 더 들어왔다.

"샘은 모든 아이들이 지켜보는 데서 제 인격을 심각하게 무시했어요. 이건 정말 참을 수 없는 모욕이라구요!"
"난 네 인격을 무시하지 않았다. 이젠 비켜라."
"무시하지 않았다구요? 그건 샘이 아니라 내가 느끼는 감정이라구요. 내가 무시당했다고 느끼는 게 기준이라구요! 샘은 법도 몰라요?"

아마도 피해자 중심으로 사고해야 한다는 말을 하고 싶은 듯했다. 민 선생은 한마디 한마디에 힘을 주어 천천히 말했다.

"글쎄, 내가 아는 법과 네가 아는 법이 다른 모양이지. 나도 분명히 다시 한 번 말하겠다. 난 너를 무시한 적이 없고, 너는 내 지도에 불응했으며, 나의 정당한 교육활동을 방해하였다. 난 교칙에 따라 네 책임을 물을 생각이다. 길을 비켜라."

녀석은 점점 더 흥분했다.

"뭐라구요? 무시를 안 했다구요? 얘들아, 다 봤지? 샘이 나를 무시하지 않았단다."

그때 맨 앞에 앉은 여학생이 입을 열었다. 평소에 말이 없고, 배움이 약간 더딘 아이였다.

"맞아요! 선생님이 먼저 쟤를 무시했어요. 사과하는 게 맞아요!"

순간 민 선생은 둔기로 머리를 얻어맞은 듯한 통증을 느꼈다. 도대체 이게 무슨 상황이란 말인가. 아이들은 비로소 흥미의 절정이라는 듯 더욱 주변으로 몰려들었다. 순간 민 선생의 머릿속에 교직 생활의 여러 우여곡절이 스쳐 지나갔다. 과거에 이런 일을 당했던 적이 있었나? 그때 난 어떻게 대처했었지? 오늘의 이 상황은 분명 교사에게 닥친 어려운 시험 같은 것이었다.

눈치로 보아 몇몇 아이들은 민 선생의 입장을 옹호하고 있었지만 누구 하나 그것을 드러내 표현하지 않았다. 더 많은 아이들의 눈이 흥미진진한 볼거리를 놓치지 않겠다는 의지로 빛났다. 최근 들어 학생들이 교사의 권위를 침해한다는 이야기는 몇 번 들었지만 직접 당해 보니 민 선생도 지혜로운 해결 방법이 금방 떠오르지 않았다. 그저 어떻게든 빨리 이 상황에서 벗어나고 싶었다.

"난 교무실로 가겠다. 지금부터 네가 나를 막든, 어떤 말을 하든 내 진로를 방해한다면 나는 규정에 따라 다음 행동을 하겠다."
"뭐 맘대로 하시죠. 나도 다 생각이 있으니까."

민 선생은 쉬는 시간 10분을 다 보내고 나서야 아이들을 뒤로 한 채 교실을 나왔다. 교무실로 향하는 발걸음이 그 어느 때

보다 무거웠다. 긴장했던 몸에서 정기가 다 빠져나가는 느낌이었다. '사과를 받아 내고야 말겠다는 녀석의 확신에 찬 태도는 도대체 어디서 비롯된 걸까. 만약 내가 화를 참지 못하고 언성을 높이거나 욕을 했다면 바로 아동학대 혐의자로 신고를 당했겠지. 그나마 끝까지 화를 내지 않은 것은 잘한 일인가. 아니면 학생과 들러붙어 싸우기라도 해야 했을까?' 여러 잡념이 민 선생을 서글프게 했다.

 민 선생은 교무실로 돌아와 자리에 앉았다. 깊은 회한이 밀려왔다. '오늘 난 교육적으로 행동한 것일까? 아니면 앞으로 있을 사태에 대비하여 철저하게 알리바이를 만들어 놓은 것일까? 이도 저도 아니라면 오늘 일을 어떻게 해석해야 할까.' 온갖 잡념이 민 선생의 머릿속을 헤집었다. 민선생은 책상 위 노트북 컴퓨터의 모니터를 바라보며 '선생 노릇 참 오래 했구나' 생각했다. 교무실 창밖에는 목련이 흐드러지게 피어 있었다. 녀석의 담임에게 바로 오늘 있었던 일을 전해야겠다던 생각도 잊고 민 선생은 망연자실 목련에 눈길을 주었다. 눈가가 뜨거워졌다.

교정에는 봄기운이 완연했지만 아직 실내 공기는 서늘했다. 민 선생은 화장실로 가서 세면대 앞에 섰다. 수도꼭지를 트니 찬물이 나왔다. 손을 닦기 위해 수도꼭지 밑으로 넣은 손이 아려 왔다. 얼굴을 닦았다. 거울 속에는 물 묻은 얼굴을 한 사십 후반의 교사가 지친 모습으로 서 있었다. 이십 년이 넘는 교직 생활 동안 민 선생을 힘들게 했던 것은 그가 가르쳤던 아이들이 아니었다.

민 선생을 힘들게 한 건 여섯 학교에 근무하면서 만난 대부분의 교장과 교감, 그리고 생각이 많이 다른 일부 동료 교사들이었다. 그동안 그가 고민해 왔던 것은 어떻게 하면 동료 교사들과 함께 좋은 교육이 가능한 환경을 만들어 나갈 것인가 하는 것이었다. 교사에게 무례하게 구는 아이들이야 예나 지금이나 있었다. '적어도 나만큼은 아이들하고 아무런 문제가 없었다'라는 자만이 오늘의 사태를 불러온 것인지도 모른다는 생각이 엄습했다.

1990년대 후반부터 교실 붕괴 담론이 세상을 떠들썩하게 했다. 아이들 스스로 자기 문제나 가정 혹은 친구 간의 문제로 어려움을 겪었지만, 그 경우 민 선생은 상담자이면서 중재자이자, 아이가 기댈 언덕이 되어 주고자 했다. 아이들에게만큼은 진정성을 가지고 최선을 다해 왔다 착각하고 있었던 것일까. 그 결과가 이런 거였나. 거울 속의 중년 교사는 무척이나 고단해 보였다. 그동안 아이들과 있었던 여러 추억들이 낡은 영화 장면처럼 눈앞을 스쳤다.

녀석의 담임교사에게 오늘 그 반에서 있었던 일을 간단히 설명했다. 담임교사 역시 이 녀석 문제로 고민하고 있던 터였고, 민 선생은 대화 과정에서 몇 가지 사실을 알게 됐다. 녀석의 부모는 별거 중인데, 현재 엄마와 함께 생활하고 있으며, 아빠를 매우 증오하고 있다는 것이다.

초등학교 5학년 때 교사 두 명을 잘랐다는 녀석의 이야기 역시 어느 정도 근거가 있는 말이었다. 아이 수준에서는 그렇게 떠들고 다닐 만했다. 학교에서 아이들을 지도했던 수영 강사가 있었는데 연이어 두 명의 수영 강사와 녀석 간의 트러블이 있었고 결국 그 직을 면하게 했다는 것이다. 녀석이 담임교사도 수영 강사도 '샘'이라 불렀으니 선생 둘을 잘랐다고 할 만했다.

민 선생이 더욱 놀랐던 것은 작년, 그러니까 녀석이 1학년이던 때 있었던 사건에 관한 이야기 때문이었다. 학급에서 따돌림을 당하는 여학생이 있었다. 이 녀석은 장난기가 발동하여 그 여학생의 사물함 안쪽 벽에 실핀 여러 개를 촘촘하게 박아 두었다. 여학생은 사물함 안에 있던 책을 꺼내다가 손등을 긁혀서 피가 많이 났다. 그래서 이를 두고 부모를 불러 상황을 알리고 징계를 논의했던 모양이다. 그런데 정작 괴롭힘을 당하던 여학생은 다른 학교로 전학 갔고, 이 녀석은 반성문 한 장 쓰고 2학년으로 진급하게 된 것이다.

인터폰이 울렸다. 녀석의 담임교사였다.

"민 선생님, 어떻게…… 사과를 받으시겠어요? 지금 아이 어머니가 선생님에게 사과하겠다고 하시는데요……."

민 선생은 지금 사과를 받고 말고 할 기분도 아니거니와 이 상황이 누구의 잘잘못을 따질 문제가 아니라는 나름의 생각, 그리고 하루 만에 일사천리로 진행되는 부모 방문, 사과, 마무리되는 절차와 수순에 조금 당황하고 있었다.

"사과는 무슨. 어머니는 보내 드리세요. 부모가 사과해서 될 문제라기보다 이건 결국 나와 아이의 문제이니 그렇게 풀어야죠. 신경 써 주셔서 고맙습니다."

시간이 지나 녀석의 담임교사는 학부모와의 면담 결과를 알려 왔다. 아빠의 부재 상황에서 아이를 혼자 키우기가 무척 힘들다는 이야기에서부터 앞으로 더 신경 써서 돌보겠다는 상투적인 이야기 등등. 그중에서 특히 한 가지 언급이 민 선생의 귀에 박혔다. 평소에 녀석에게 엄마가 말하기를 누군가와 다툼이 생겼을 때 네가 잘못한 일이면 사과를 하고, 상대가 잘못한 일이면 반드시 사과를 받아 내라고 했다는 것이다. '녀석은 이 사건을 교사와 학생의 다툼이라고 생각했구나. 녀석은 엄마의 가르침을 충실하게 따른 것뿐일까. 다툼에서 잘잘못은 누가 판단을 하는 거지?' 민 선생은 그냥 웃었다.

사건은 그렇게 마무리됐다. 녀석은 민 선생에게 사과하지 않았고, 민 선생 역시 일을 정리하려고 애쓰지 않았다. 사건을 알고 있는 동료 교사가 아빠에 대한 반감을 비슷한 또래의 남자 교사에게 표출한 것이라는 나름의 분석을 내놓았지만, 민 선생은 인정하지 않았다. 그럴 수도, 아닐 수도 있겠지만 이렇게 단정한다는 것이 얼마나 부질없는 짓인지 민 선생은 잘 알고 있었다.

 민 선생은 초여름부터 수학 교과에서 배움이 더딘 아이들을 따로 모아 편성한 '가우스 반'을 맡았다. 서로 다른 장소에서 가르치고 배웠기 때문에 한동안 그 녀석을 볼 수 없었다. 간혹 복도에서 마주쳤지만 인사하지 않았다. 민 선생 역시 무심하게 지나쳤다. 그렇게 녀석은 중학교 2학년의 질풍노도기를, 민 선생은 교직 중반기의 고단한 시기를 보내고 있었다.

 민 선생의 사소한 궁금증 하나가 풀렸다. 녀석이 거칠게 사과를 요구할 때 거들던 그 여학생은 어떤 의도로 "맞아요. 선생님이 먼저 쟤를 무시했어요. 사과하셔야 돼요."라고 말했던 것일까에 대한 궁금증 말이다. 그 반 아이들의 지나가는 전언에 따르면 둘은 '사귀는 사이'였다. 민 선생을 향한 남자 친구의 분노에 순간적으로 감정이입을 했던 것이다. 민 선생이 별도의 교실에서 배움이 더딘 아이들과 공부하는 사이 시간이 금세 흘렀다. 녀석도 다친 발이 다 나았는지 더는 보조기를 차고 철컹철컹 소리를 내지 않았다. 여전히 가끔 복도나 운동장이나 식당에서 마주쳤지만 그뿐이었다.

　오랜 경력은 견디는 힘을 주었다. 사건 초기와 달리 민 선생은 스트레스를 받으며 견디지 않았다. 의식적으로도 일상을 평온하게 유지하기 위해 노력했다. 민 선생은 그렇게 해야 여러 아이들을 볼 수 있다고 생각했다. 그것이 녀석에게도 교사에게 무례하게 굴었다는 사실에 대한 부담을 덜어 주었을지 모른다. 물론 민 선생 혼자만의 생각일 수도 있지만.

　중학교의 시간은 빠르게 흘러갔다. 겨울방학을 지내고 온 아이들이 한 뼘이나 커진 키로, 때로 더 굵어진 목소리로 교실과 복도를 활보하며 특유의 에너지를 내뿜었다. 그 녀석도 키가 자라 있었다. 그렇게 겨울이 지나갔고 다시 봄이 찾아왔다. 3월의 학교는 늘 그렇듯 분주했다. 하는 일이 많아서 바쁘기도 하고 하는 일 없이 바쁘기도 하다. 3월은 많은 교사들이 물리적으로도 심리적으로도 여유가 없을 때다. 민 선생은 이 학교에서 5년 근무 마지막 해에 찾아오는 '비담임 안식년'이라 담임은 맡지 않고 3학년 수학 교과를 전담하게 됐다.

첫 수학 시간, 민 선생은 교실에 들어가 교탁 앞에 섰다. 간단하게 인사를 하고 수업 방법과 평가 계획을 일러줄 참이었다. 갑자기 복도 쪽 자리에서 나지막한 탄식이 들려왔다.

"아, 시발…… 최악이네, 최악이야."

그 녀석이었다. 아마도 다시 민 선생과 함께 일 년 동안 수학 공부를 해야 할 자신의 처지가 괴로웠던 모양이다. 거의 무의식적으로 내뱉은 녀석의 말이 선명하게 민 선생의 귀로 전달됐지만 민 선생은 못 들은 체했다. 들은 척했다 해도 달리 무슨 방도가 있을 것 같지 않았다. 수업 첫날부터 갈등하는 모습이 연출된다면 일 년 내내 힘들 것이 뻔했다. 그러나 녀석의 말이 귀에 닿는 순간 민 선생의 심장은 빠르게 뛰기 시작했다.

그렇게 첫 수학 시간이 지나갔고, 오후에 동아리 배정을 했다. 민 선생은 이 학교에서 몇년 간 걷기 동아리를 맡아 운영하던 중이었다. 평소 걷기를 즐기던 민 선생 역시 크게 신경 쓸 일 없이 스무 명 남짓의 아이들과 그저 걷는 것이 좋았다. 한 번에 오천 원에서 만 원 남짓 들어가는 동아리 활동 비용을 내기가 어렵거나, 혹은 그게 아깝거나, 소수는 살을 빼려고, 극소수는 정말로 걷기를 좋아하는 아이들이 걷기 동아리에 들어왔다.

 실내 체육관에 걷기 동아리를 신청한 아이들이 안내를 받기 위해 모였다. 작년에 이어 2년 연속으로 이 반에 들어온 아이들도 더러 있었다. 그런 아이들은 아마 지도교사를 좋아해서 왔을 것이라고 민 선생은 혼자 생각했다. 민 선생은 수업이든 동아리든 '아직은 학교에 내가 필요하다'고 스스로 생각했다. 그러나 '언젠가 더 나이를 먹으면 아이들은 나를 찾지 않겠지? 그렇지만 어쩌겠나 받아들여야지. 몇 해 더 근무하면 명예퇴직이 가능한 경력이 되니까 그때까지만 별일 없이 버티면 돼.'라고 생각했다. 씁쓸한 다짐이었다.

 걷기 동아리를 신청한 아이들의 명단을 정리하다가 낯익은 얼굴을 발견했다. 그 녀석이었다. 녀석은 무표정한 얼굴로 민 선생을 바라보았다. 둘은 서로를 무심하게 바라보았다. 민 선생과 함께 공부하게 된 것을 최악이라 했던 녀석은 왜 걷기 동아리를 신청했을까. 이런 궁금증은 오래 품고 있을 것이 아니다. 민 선생은 바로 물어보았다. 아무 감정이 없는 건조한 질문이었다.

"너는 왜 이 반을 지원했니? 혹시 가위바위보에서 밀렸니?"

동아리를 정할 때 인기 있는 반은 종종 가위바위보로 정하기도 한다. 녀석이 시니컬하게 답했다.

"아, 그냥 왔어요. 자르실 거예요? 뭐 싫으면 자르시든가."
"난 일단 여기 들어온 놈은 자르지 않는다. 기왕 들어왔으니 지금 여기 있는 아이들과 걷기 동아리 신청자 명단을 대조해 보고 오른쪽 빈칸에 체크 표시해라."
"예? 그걸 왜 내가 해요?"
"싫으면 말고."
"아뇨, 할게요. 하면 되지. 아이 씨, 첫날부터 학생한테 일 시키네."

녀석은 어찌어찌 동아리 신청자 명단과 현재 모인 아이들을 대조한 명부를 가지고 왔다.

"신청한 애들은 다 왔어요. 그리고 이런 거 시키지 마요. 샘이 할 일을 왜 학생한테 시켜요?"

"하기 싫으냐? 언제든 네가 원하면 다른 곳으로 보내 주마."

"아이 씨, 누가 다른 곳으로 간대요? 아 시발, 사람이 존나 냉정해."

"말할 때 욕은 빼고 해라. 시키야."

"어? 샘도 욕을 해요? 샘 정말 안 되겠네. 아이 씨, 교사한테 욕먹었네."

녀석은 그렇게 3학년 학생들로 구성된 '건강걷기반'의 멤버가 됐다. 첫날은 동아리 구성과 다음 활동 안내만 하고 돌려보냈다. 녀석은 중얼거리며 자기 반으로 돌아갔다. 잘 들리지 않았으나 한 문장의 절반 정도는 욕이 섞인 '학생에게 일 시키는 교사, 자질이 의심되는 교사, 존나 냉정한 교사……' 등의 내용이었다. 그러나 녀석은 다른 동아리로 가지는 않았다.

한 달 후, 본격적인 동아리 활동이 시작됐다. 건강걷기반에 들어오는 아이들의 동기는 다들 비슷했다. 한 회마다 들어가는 활동비를 낼 수 없는 사정이거나, 그냥 아무 생각 없이 두 시간만 걸어도 네 시간의 활동 시간이 인정된다는 것, 살 빼기에도 효과적이라는 것이 동기였고, 지도교사가 나쁘지 않다는 것도 한몫했을 거라고 민 선생은 생각했다. 그 녀석이 어떤 생각으로 들어왔는지는 알 길이 없지만 활동 첫날 민 선생은 녀석에게 명단을 건네주며 말했다.

"지난번에도 네가 명단 정리를 했으니 오늘은 아이들 출석 체크를 해라."

녀석은 반발했다. 아니, 반발하는 척했다.

"또 시켜요? 샘 정말 이상하시네. 그거 하면 뭐 해 줄 건데요?"
"재밌게 걸을 수 있는 기회를 주겠다."
"아, 웃겨. 걷는 게 뭐 재밌다고."
"네가 싫다면 다른 아이에게 시킬 거다."
"아 씨, 누가 안 한다고 했어요? 사람이 의리가 없어!"

장기간 아빠의 부재 상황 탓인지 녀석은 어른 남자와의 대화를 낯설어 하면서도 새로운 경험으로 받아들이는 것 같았다. 한 문장에 워낙 많은 욕을 섞어 말해 듣기에는 불편했지만 적대감이 없다는 것을 보이려 노력했다. 행여 자기를 향한 민 선생의 관심이 사라질까 두려워하는 것 같기도 했다.

"오늘 걷기 잘한 사람들은 끝나고 샘이 아이스크림 쏜다."

환호성이 터졌다. 아이들은 호들갑스럽게 강변을 걷기 시작했고 녀석도 몇 아이들과 어울려 대열의 맨 뒤에서 걷기 시작했다. 그러다가 이내 사라졌다. 강변에 있는 간이 화장실에 들어가 담배를 피우고 있을 것이다. 녀석은 걷기가 끝날 때 늘 지독한 담배 냄새를 몰고 왔다.

두 번째, 세 번째 걷기 동아리 활동에서도 녀석은 출석 체크를 했고, 중간에 사라졌고, 담배 냄새와 함께 나타났다. 그리고 민 선생에게서 카드를 받아 슈퍼에서 하드를 사다가 모두에게 나누어 주었고, 어쩌다 하나가 남으면 그냥 두면 녹으니 자기가 먹겠다며 맛있게 먹었다. 그리고는, "아 시발, 녹을까 봐 할 수 없이 먹었네." 라는 말을 빼놓지 않았다.

수학 시간에 녀석은 여전히 장난을 쳤고 어떤 활동에도 참여하려 하지 않았다. 그러나 적극적으로 수업을 방해하지는 않았다. 민 선생도 녀석이 큰 사고만 치지 않고 지나가기를 바랐다. 그런 마음은 그즈음의 거의 모든 교사들이 품었던 소망이기도 했다. 공부를 잘하는 아이보다 문제를 일으키지 않는 아이가 더 좋은 때였다. 시험을 앞둔 어느 날 수업을 마치는 종이 울리자 녀석이 교탁 앞으로 걸어 나왔다.

"샘, 저기……"
"무슨 일이니? 말하거라."
"내가 수학 공부를 하려고 하는데요."
"그래? 그럼 열심히 해라."
"아 정말, 그게 아니라…… 책을 봐도 아무것도 모르겠다구요."
"그럼 자꾸 봐라."
"아 씨, 정말 무슨 대답이 그래요? 아 시발…… 존나 쿨한 척해. 그럼 공부하지 말아요? 내가 공부 안 하면 어쩔 건데요?"
"뭘 어째? 하기 싫은 공부는 안 하는 것이 좋아. 억지로 공부하지 말아라."

"아니, 무슨 교사가 학생에게 이렇게 불친절해. 맘먹고 공부 좀 해 보겠다는데 도와주질 않네. 아 진짜, 학교가 왜 이래?"

녀석은 투덜거리며 교실로 돌아갔다. 그렇게 두어 달이 흘렀다. 녀석은 가끔 수학 문제를 들고 민 선생을 찾아와 풀어 달라고 했다. 민 선생이 문제를 다 풀어 주는 일은 없었다. 그냥 실마리를 알려 주고 또 확인하고, 다음 과제를 제시했다. 그때마다 녀석은 볼멘소리를 했다.

"아 정말, 샘 혹시 이 문제 풀 줄 모르는 것 아니에요? 감질나게 그런 식으로 힌트만 주지 말고 처음부터 끝까지 친절하게 좀 풀어 줘요. 시간도 좀 길게."
"내가 미쳤니? 가르치는 아이들이 많은데 왜 너에게만 신경을 써? 난 그렇게 하긴 싫다."

학기가 끝나 갈 무렵, 녀석은 또 문제 하나를 들고 민 선생을 찾아왔다. 간단히 단서를 알려 주려 하는 민 선생의 말을 녀석은 듣지 않았다. 그냥 민 선생의 얼굴만 뚫어지게 바라보고 있었다.

"샘은 왜 중학교 애들 가르쳐요? 애들이 말도 존나 안 듣고, 속 썩이고, 샘은 대학교에서도 강의를 하고, 책도 여러 권 썼는데. 근데 왜 이런 후진 중학교에 있어요?"

"글쎄다. 나도 먹고살아야지."

"아 정말 또 그래. 무슨 대답이 그래요. 뭐 이래서 중학교에서 아이들 가르치는 게 좋다. 뭐 그런 거. 학생이 궁금해서 질문하는데 좀 성실하게 답변해 주면 안 돼요?"

"이제 그만 가라. 난 내 인생 열심히 살고 넌 너대로 열심히 살아. 그게 인생이야 시키야."

"저기…… 샘, 할 말이 있는데요."

"아, 정말 나 지금 일거리 밀린 것 안 보여? 용건 끝났으면 빨리 내 눈앞에서 사라지라고!"

"아 샘은 이럴 때 은근 매력 있어요. 속으론 아이들 좋아하면서 존나 쿨한 척하는 거. 으흐흐……"

"할 말만 딱 하고 꺼져. 기분 나쁘게 웃지 말고 시키야."

"샘, 그거 몰랐죠? 샘은요. 내 롤 모델이에요. 아, 시발 말하고 보니 쪽팔리네."

"뭐? 이 시키가 부담스럽게 왜 이래? 롤 모델 바꿔."

졸업식이 다가왔다. 녀석의 엄마로부터 민 선생에게 전언이 왔다. 선생님을 꼭 한 번 만나 뵙고 싶었으나 아이가 극구 학교에 가지 말라고 했단다. 3학년 때부터 아이가 많이 달라졌고, 집에서 하는 이야기 중 수학 선생님 관련 내용이 많았다고 했다. 수학 선생님처럼 되고 싶다고 말했다는 것이다. 정말로 고맙다는 말씀을 꼭 전하고 싶었다는 내용이었다.

그리고 녀석은 졸업했다. 지금 어디서 무엇을 하는지, 어느 대학에 갔는지, 아니면 고졸 취업에 성공했는지 민 선생은 알 길이 없다. 민 선생이 자주 다짐하던 '평온한 인내'는 녀석이 학교를 졸업함과 동시에 관심을 끊게 했다. 대신 녀석의 후배들에게 잘해 주는 것이 피차에게 유익하다고 생각했다. 그 후에도 민 선생은 녀석과 비슷한 아이들을 몇 번 만났다.

소라의 겨울

소라가 이층 침대에서 눈을 떴을 때는 이미 한낮이었다. 오늘만 그런 게 아니라 며칠째 계속 늦잠을 잤다. 자리에서 일어나면 낯선 방, 낯선 벽이 소라의 몸 전체를 압박해 오는 것 같았다. 창문을 가리는 커튼의 좁은 틈 사이로 늦가을 빛이 날선 칼처럼 방바닥에 꽂혔다. 이불을 들추면 먼지가 일어 그 빛 속으로 빨려 들어갔다. 먼지를 머금은 칼 모양의 빛은 더욱 도드라졌다. 소라는 침대에 달린 철제 사다리를 밟고 아래로 내려왔다. 제대로 챙겨 먹지 못해 야윈 몸이 휘청거렸다.

 소라는 벽에 걸린 거울 앞에 섰다. '내가 여기 며칠이나 있었지? 앞으로 얼마나 더 있어야 하나. 오래 있어도 되는 곳인가?' 잠시 짧은 생각이 머리를 스쳐 지나갔다. 소라는 지난 일 년 동안 자기에게 닥쳤던 일들을 생각했다. 지난 일을 떠올리는 것만으로도 머리가 아파 왔다. 갑자기 드는 한기에 소라의 몸이 가볍게 떨렸다.

  소라는 며칠 전 이곳 청소년 쉼터로 들어왔다. 구청에서 일하는 사회복지사가 이곳에서 며칠 생활하면서 앞으로 어떻게 할지 생각해 보자고 하였다. 그리고 매일 퇴근 전에 전화해서 소라의 상황을 물었다. 지내기엔 어떤지, 밥은 챙겨 먹었는지, 새로운 친구를 사귀었는지, 학교에 다시 갈 준비가 되었는지, 물어보는 순서도 비슷했다. 소라는 건성건성 대답했다. 자신도 이곳이 지내기에 어떤지 잘 몰랐다.

  늦게 일어나 아침 식사를 거르고, 점심도 먹는 둥 마는 둥 했으며 점심 이후에는 누워서 휴대폰을 보았다. 저녁 후에도 무기력하게 있다가 잠을 자거나 휴대폰을 보았다. '학교에 갈 준비? 내가 학교에 다녔었나. 다닌다면 전에 다니던 그 학교로 가는 건가'와 같은 생각은 잠깐씩 했지만 내일 무슨 일을 할지,

무엇이 먹고 싶은지, 하고 싶은 것이 무엇인지 한 가지도 정리가 되지 않았다. 소라는 왼쪽 손목에 있는 흉터를 물끄러미 쳐다보았다.

 소라는 다시 침대 위로 올라가 천장을 보고 누웠다. 누운 채로 휴대폰을 집어 들었다. 지영이의 얼굴이 떠올랐다. 푸근한 얼굴, 집안 살림의 냄새, 웃을 때마다 보이던 잇몸까지도. 당장이라도 만나고 싶었다. 소라는 작년에 지영이의 번호를 차단했다. 모든 SNS에서도 지영이를 차단했다. 자신이 가지고 있던 SNS 계정도 없애 버렸다.

 '지영이는 나에게 연락을 할 수 없을 거야. 언제라도 내가 차단을 풀면 연락이 닿겠지만 지금은 아니야. 얼마나 길어질지 나도 알 수 없어. 하지만 참기 힘들 정도로 네가 보고 싶은 것은 사실이야. 나중에 내 모든 이야기를 네게 들려줄 날이 올까. 어쩌면 그런 날이 오지 않을지도 몰라. 지영이는 상헌이를 계속 만나고 있겠지. 이제 둘 다 고등학교에 들어갔으니 자주 못 만날 수도 있어. 지훈이와 지동이도 잘 있을까. 지영이 엄마는 여전히 해맑게 웃고 다닐 거야.'

소라는 휴대폰의 메모장 앱을 열어 편지를 쓰기 시작했다. '지영아, 나 소라야'까지 쓰고는 눈물이 터졌다. 언제부터인가 울 때마다 많이 힘들었다. 눈물이 솟구쳐 오르면 배가 당기고 속이 쓰렸다. 솟구치려는 눈물을 간신히 누르고 소라는 다시 휴대폰을 집어 들었다. 떨리는 손가락으로 휴대폰 메모장 앱을 다시 열어 작은 자판의 글자를 하나씩 눌렀다. 자꾸만 '부치지 않은 편지'라는 말이 떠올랐다. 지금 쓰는 편지를 어떻게 지영이에게 보낼지는 생각하지 않았다. '어쩌면 영영 보내지 못할지도 모르겠지. 그래, 그냥 쓰는 거야. 이렇게라도 하지 않으면 지금 나는 견딜 수 없으니까.' 화면 속 작은 커서가 깜빡거리며 입력을 재촉했다. 소라는 심호흡인지 한숨인지 모를 긴 호흡을 하고 다시 쓰기 시작했다.

지영아, 나 소라야. 점심시간이 끝나 가네. 점심은 맛있게 먹었니? 중학교 때 네가 점심을 먹다가 말했지? 아이들이 급식으로 주는 김치를 하나도 안 먹고 그대로 버리는 게 너무 아깝다고. "다 모아서 집으로 가져가면 반찬 걱정 안 해도 될 텐데." 그렇게 말하며 너는 웃곤 했어. 그리고 식판에 담긴 음식을 남김없이 비웠지. 너는 점심 먹을 때마다 나를 나무랐어. 음식 남기지 말라고. 네 동생들에게 하듯 나를 가르치려 들었지. 공부에 관심 없던 네가 음식 남기는 것엔 유독 예민했어. 나는 오늘만 봐달라고 너에게 졸랐지. 그러면 너는 내 식판의 밥과 반찬까지 가져가 다 먹었어. 나는 "이렇게 먹고 수업 시간엔 맨날 자는데 살도 별로 안 찌는 걸 보면 참 이상하지."라면서 너를 놀렸어. 두 동생과 엄마까지 보살펴야 하는 네가 먹은 것보다 써야 하는 에너지가 훨씬 많아서 그랬을 거야. 지영아, 오늘 나는 네가 너무 보고 싶어. 미치도록 보고 싶다는 말은 이럴 때 쓰는 말인가 봐.

지영아, 미안해. 어느 날 갑자기 내가 사라졌고, 전화도 안 되고, 카톡이든 인스타든 나와 연락할 수 있는 모든 것에서 나를 찾을 수 없었을 거야. 만약 네가 그랬다면 나는 무슨 수를 써서라도 너를 찾아내서 죽여 버리겠다고 했을지 몰라. 지영아, 어디서부터 무슨 이야기를 해야 할지 모르겠어. 우리 사이엔 중학교 때까지 어떤 비밀도 없었잖아. 그런데 내가 너에게 말할 수 없는 일이 생겼다는 데 화가 나. 그래서 더 연락할 수 없었어. 나는 두려워. 나중에 혹시 우리가 다시 만난다 해도 옛날처럼 그런 사이가 될 수 있을까. 아니, 다시 만날 수는 있을까.

소라는 그저 생각나는 대로 자판을 눌렀다. 여기까지 쓰고는 주먹을 쥐고 양쪽 어깨를 두드렸다. 커튼을 비집고 들어온 빛이 길어지고 있었다. 소라 침대의 맞은편에도 이층 침대가 있었다. 이 방에서 소라 말고도 두 명의 여자아이가 함께 생활했다. 지금 침대가 비어 있는 것을 보니 둘 다 밖으로 나간 것 같다. 그 아이들은 매일 외출을 하는 것 같았다. 점심 후에 나가서 저녁 전에 들어왔는데, 어떤 날은 밤늦게 들어왔다. 둘은 방바닥에 앉아 그날 밖에서 있었던 일을 이야기하곤 했다. 처음에 소라가 이곳에 들어왔을 때 호기심 가득한 눈으로 이것저것 물어보던 아이들이다. 소라가 제대로 답하지 않으니 그들도 이제 포기했는지 더는 아무것도 묻지 않았다. 그 둘은 소라가 이 방에 없는 것처럼 말하고 행동했다.

지영아, 우리 아빠라는 사람이 엄마를 자주 때린 것은 너도 알지? 술만 먹으면 엄마를 때렸어. 아빠가 하던 일이 잘 안 풀렸고, 빚을 많이 져서 매일 빚쟁이들이 집에 찾아오고, 집과 살림살이에 빨간딱지가 붙고 하던 일은 너도 본 적이 있어서 잘 알 거야. 집에 찾아온 빚쟁이들은 처음엔 어떻게든 돈을 만들어 보라고 조르며 재촉했어. 엄마에게도 가만히 있지 말고 나가서 돈을 구해 오라고 했지. 그게 안 통한다 싶었는지 그 사람들은 끔찍한 말까지 하더라구. 장기라도 팔라며.

어떤 날은 연락해 보라며 알 수 없는 연락처를 아빠 주머니에 쑤셔 놓고 가기도 했어. 그렇게 한바탕 난리를 치고 빚쟁이들이 나가면 그때부턴 아빠가 미친 듯이 소리 지르며 살림살이를 부수고 엄마를 때렸어. 그것도 모자라 내 몸에도 손을 댔어. "이년아, 어디 가서 알바라도 해서 돈을 벌어 와. 니 애비 죽는 꼴 봐야겠니? 얼굴은 반반한 년이 도무지 수완이 없어!"라고 욕하며 소리쳤어. 난 그때마다 너무 무서웠어. 정말 내가 어디 가서 돈을 벌 수만 있다면 집을 나오고 싶었어. 근데 그때 우린 고작 중학생이었잖아.
너도 알다시피 우리 아빠는 죽었어. 늦은 밤 술에 잔뜩 취해서 횡단보도가 아닌 길을 가로질러 건너다가 달려오던 승용차에 치었어. 운전자는 칠십 대의 노인이었는데, 차에서 내려 쓰러진 아빠를 바라보며 "이 늦은 밤에 어쩌려고 차도로 들어와! 이 사람 죽으려고 작정을 했구먼!"이라며 소리 질렀대. 노인은 바로 휴대폰을 꺼내 경찰에 신고했고, 아빠는 병원으로 옮겨졌지만 숨을 거두고 말았어. 영안실로 달려가 시신을 덮은 흰 천을 들춰 본 엄마는 그때 그 자리에서 기절했어.

아빠는 그날 저녁에도 거실의 물건을 내던지며 엄마한테 돈 벌어 오라고 소리 질렀거든. 이미 집에서 술을 많이 마신 상태였어. 엄마는 모든 것을 포기한 사람 같았어. 아빠가 그렇게 때리는데도 그저 멍하니 무기력하게 천장만 바라보았어. 아빠는 나에게도 "구경만 하고 있지 말고 너도 나가서 알바라도 해. 외갓집에 전화해서 니 애비가 사채를 쓰다가 죽게 생겼다고 말이라도 하라고. 너는 네 엄마를 닮아서 얼굴만 반반했지 아무짝에도 쓸모가 없어."라며 소리 질렀어. 그 소리가 꼭 짐승이 울부짖는 소리 같더라. 아빠는 쾅 소리가 나게 현관문을 닫고 밖으로 나갔어. '나가서 알바라도 해'라는 말이 결국 아빠의 마지막 말이 됐지.

장례를 치른 엄마는 정신이 반쯤 나간 사람처럼 굴었어. 헛것이 보이는지 이상한 말을 하거나 갑자기 누가 왔다며 현관으로 달려가 문을 열어 보곤 했어. 집은 이미 경매로 넘어가서 한 달 안에 집을 비워야 했어. 운전자의 보험회사에서 보상금이 나온다고 했어. 그런데 엄마가 그 돈을 받으면 아빠의 빚도 물려받아야 한다고 했어. 빚이 훨씬 많았거든. 결국 엄마는 상속을 포기했고 보상금은 빚쟁이들이 나누어 가졌다더라. 하루아침에 엄마와 난 거리에 나앉았어. 엄마는 잠시 외가로 갔고, 나는 지영이 너희 집에 일주일인가 머물렀지. 그때 너는 지훈이를 상헌이네 집으로 보냈어. 상헌 아빠가 식구가 늘었다며 셋이서 같이 맛있게 밥도 먹고 했다던 게 기억나네.

우리 외할머니 말이 그때 엄마는 외갓집에서도 계속 헛것을 봤대. 제대로 잠도 못 자는 날이 많았고, 얼굴도 창백하게 야위어 갔다는 거야. 외삼촌이 전학 처리를 도와줘서 나도 너희 집을 나와 부천에 있는 외할머니 집으로 갔지. 여기까지는 너도 알고 있는 이야기일 거야. 졸지에 식구가 둘이나 더 늘었으니 외할머니도 황당했을 거야. 할머니는 하루 종일 엄마를 보살피면서 혀를 찼어. "너를 그놈에게 시집보내는 게 아니었는데. 그놈은 말만 번드르르하고 도무지 책임감이 없는 놈이었어. 내가 전생에 무슨 죄를 지었다고 다 늙어서 딸년에 손주까지 맡아 이 고생인지 모르겠다."라는 말을 입에 달고 살았어. 나중에는 내가 토씨 하나 안 틀리고 외울 정도였다니까.

그 동네에서 병원을 들락거리던 엄마는 자기 몸에 손을 대기 시작했어. 그것도 아빠에게 맞은 자리만 골라 주먹으로 때리고 손가락으로 찌르며 스스로를 학대했어. "이년아, 아무짝에도 쓸모없는 년아. 너는 남편이 사채를 써서 빚쟁이들한테 장기 팔라고 협박받는데 아무렇지도 않은가 보네. 뭐, 이혼? 누구 맘대로. 나 죽으면 그 빚은 네년이 다 갚아야 하는 거야. 알아들어?" 이런 말을 반복했어. 결국 엄마는 도시 외곽에 있는 정신병원에 입원했어. 내가 병원에 면회를 가보려고 해도 할머니가 말렸어. "가 봐야 소용없다. 너를 알아보지도 못할 거고. 험한 꼴 봐야 너도 좋을 게 없어. 가지 마라."

엄마는 병원에서 거의 하루 종일 침대에 묶여 있었대. 답답하다고 풀어 달라고 심하게 몸부림치다가 손목에 상처가 나면 잠시 풀어 주었는데 그럴 때면 건장한 남자 간호사 두 명이 옆에서 딱 지켜보고 있었대. 할머니가 이런 이야기를 해 주면 나도 정말 미칠 것 같았어. 새로 전학 간 학교의 아이들도 처음에는 관심을 보이더니 점점 나에게 아무도 말을 걸지 않더라. 내가 매일 우울한 표정을 하고 있는 데다가 누구하고도 대화하지 않았거든. 새 담임은 이것저것 몇 번 물어보더니 고등학교에 가야 하니 일반고등학교에 갈 건지, 특성화고등학교에 갈 건지 생각해 오라고 했어. 성적은 별로 안 중요하고 내가 선택한 대로 진학할 수 있을 거라고 했어. 난 그때 내 앞날에 대해 걱정조차 하지 않았어. 나에게 미래는 없을 것 같았거든.

두 달인가 다녔던 그 학교 건물이 무슨 색이었는지, 운동장은 어땠는지, 교실은 몇 층에 있었는지, 담임 얼굴도 생각이 나질 않아. 그때 난 아무것도 눈에 들어오지 않았던 것 같

아. 새로 친구를 사귈 마음도 생기지 않았고. 그러니 아이들도 나를 투명 인간 취급했겠지. 아무도 나에게 관심을 주지 않는 게 처음엔 편했는데 겨울방학 할 때쯤 되니 점점 힘들어지더라. 내가 결석하는 날은 담임이 아침에 전화했어. 하도 결석을 자주 하니까 담임도 더 이상 꼬치꼬치 묻지 않더라구. 아프다고 말하면 "그래, 알았다. 학교 나올 때 진단서나 약봉지 챙겨 와라." 딱 이 말만 했어. 그때 담임은 뭐가 그리 피곤한지 모든 게 귀찮아 보였어. 뭐랄까. 그냥 내가 사고만 안 치면 된다, 딱히 별 관심이 없다는 느낌이랄까?

다른 과목 샘들도 나에겐 전혀 관심이 없었어. 수업 시간에 내가 책상 위에 엎드려 있어도 누구도 나를 깨우지 않았어. 나 말고도 자는 애들이 꽤 있었는데, 샘들도 깨우다 지쳤는지 그냥 내버려두었어. 그 학교에선 샘들이나 아이들이나 나에게 말을 거는 사람은 아무도 없었어. 진짜 난 혼자였지. 너랑 가끔 통화했고 너는 만나자고 졸랐지만, 나는 그냥 잘 있다고만 했지. 만날 수가 없었어. 너를 만나서 내 얘기를 들려주면 네가 너무 힘들어 할 것 같았거든. 아니, 어쩌면 그런 생각을 할 만한 에너지조차 남아 있지 않았던 것 같아. 할머니는 한숨이 늘어 가더니만 언젠가부터 엄마 이야기를 하지 않았어. 그래서 나도 묻지 않았어. 침대에 묶여 있다는 말을 들은 후로 엄마를 떠올리는 것만으로도 미칠 것 같았거든.

엄마 동생인 외삼촌은 마흔 살이 넘었는데 미혼이라 할머니와 함께 살았어. 직장에 다니다가 그만두고 집에만 있었어. 새로 직장을 구할 생각을 하지 않고 실업수당을 받아서 버티는 것 같았어. 누나가 정신병원에 있다는 사실이 힘들었는지 외삼촌은 나를 똑바로 바라보지 않더라. 나를 보면 자기 누나 생각이 나서 그랬을까. 할머니도 가끔 나를 보며 "너는 아주 네 어미를 빼다박았구나."라고 말했으니까. 할머니에게 그 말을 들으면 더 엄마 생각이 나서 우울해졌어.

외삼촌은 밤새도록 자기 방에서 게임만 했어. 그리고 자주 할머니와 싸웠어. "뭐라도 하지 그러니. 그렇게 틀어박혀 게임만 하고 있으면 뭐가 나오니. 제발 좀 씻고, 옷도 갈아입어라. 아주 네 방에서 냄새가 진동한다. 내가 다 늙어서 이게 무슨 팔자람? 서방은 일찍 죽고, 기껏 공부시켜 놓았더니 딸년에, 아들놈에, 손주까지 거둬 먹이다니. 내가 빨리 죽어야지."라며 할머니는 그릇 부딪치는 소리를 내며 설거지를 했어. 외삼촌은 그런 이야기를 듣기 싫어했어. "아, 좀 엔간히 해요. 누군 그러고 싶어 이렇게 사는 줄 알아요?"라며 목소리를 높였어. 몸 쓰는 일은 하기 싫고, 사무직을 찾는 것 같았는데 어디 오라는 데는 없으니 외삼촌도 미칠 지경이었겠지.

학교 끝나고 집에 갔을 때 할머니가 시장 가고 없는 날엔 외삼촌과 둘이 있어야 했어. 그런데 언젠가부터 외삼촌이 나를 흘깃흘깃 쳐다보는 거야. 안 그런 척하면서 얼굴을 유심히 보기도 하고 가슴과 허리를 훑어보는 것 같았어. 너무 징그럽고 무서웠어. 그때 난 할머니네 집에서 나가야겠다고 생각했어. 그런데 아무 데도 갈 곳이 없었지. 할머니가 시장에서 돌아올 때까지 집안 공기는 어색하고 무거웠어. 할머니 집은 안방과 거실, 그리고 작은 방 두 개가 있는 구조였어. 내가 머물렀던 방과 외삼촌 방은 현관에서 거실로 들어서는 입구에 서로 마주 보고 있었지. 외삼촌 방에서는 거의 매일 밤새도록 컴퓨터 게임하는 소리가 났어. 하루 종일 헤드폰을 쓰고 있자니 귀가 아픈지 외삼촌은 헤드폰을 벗고 그냥 소리가 들리는 상태로 게임을 했지. 매일 비슷한 소음이 반복되니 듣는 나도 괴로웠고 잠을 설치는 날이 많아졌어. 그렇다고 얹혀사는 주제에 조용히 해 달라고 말할 수도 없었어. 한 번씩 외삼촌이 게임 중간중간 방 밖으로 나와서는 내 방 쪽을 보는 것 같은 싸한 느낌이 들 때가 있었어. 난 늘 방문을 닫고 있었지만 잠그지는 않았어. 문까지 걸어 잠그면 할머니가 날 미워할 것 같았거든. 가끔 할머니나 외삼촌이 내 방문을 열어 봤으니까. 할머니가 없을 땐 외삼촌이 "소라야, 뭐 먹을래? 배달시켜 먹을까?" 하고 말을 걸었어.

그날도 학교 끝나고 집에 갔을 때 할머니는 없었어. 내가 현관에 들어서자 운동복을 입고 거실 소파에 누워 티브이를 보던 외삼촌이 나를 올려다봤어. 왠지 모르게 불쾌하고 징그러운 눈빛이었어. 지영아, 이 이야기는 정말 하기 싫어. 내가 너를 다시 만난다면 언제나 그랬듯 비밀이 없어야 하는데, 난 이제 그럴 자신이 없어. 그래도 나는 네가 너무 보고 싶어. 너도 지훈이도 지동이도 보고 싶고. 가끔 상헌이랑 초원식당에서 같이 삼겹살 먹던 생각을 해. 다시 그때로 돌아갈 날이 있을까?

소라는 쓰던 글을 저장한 다음 철제 사다리를 타고 침대에서 내려왔다. 소라가 화장실에 들어가 볼일을 보고 나왔을 때 거실 겸 사무실에 있던 쉼터 센터장이 소라를 불러 세웠다. 센터장은 안경 너머로 소라를 쳐다보며 "너 점심 안 먹었지? 남들 먹을 때 같이 먹어야지. 너도 혼자 먹는 거 싫지? 저녁 때는 꼭 시간 맞추어 식당으로 와야 한다."라고 말했다. 이 말이 소라에게는 자신을 걱정해 주는 것으로 들리지 않았다. 그냥 습관적인 저녁 식사 안내일 뿐이었다. 학교에서도, 여기 쉼터에서도, 이곳을 안내해 준 사회복지사도, 소라가 만났던 경찰도 모두가 소라를 업무 처리의 대상으로만 보았다.

　물론 따뜻한 위로의 말도 들었지만, 너무 판에 박힌 듯한 말이라 소라의 마음을 움직이지 못했다. 그저 따뜻함으로 포장된 형식적인 말이었고, 책임을 다했다는 알리바이 같은 말이었다. 소라는 점점 마음의 문을 닫았다. 센터장이 했던 말은 나무랄 데 하나 없는, 꼭 필요한 말이었다. 듣기에 따라서는 진심으로 걱정해 주는 말이기도 했다. 그러나 소라에겐 '난 내 역할은 다했으니 나머진 네가 알아서 할 몫이야.'라는 뜻으로 들렸다. 소라가 사고만 내지 않으면, 그들에게 책임질 일만 만들지 않으면 되는 서로에게 너무 쿨한 관계였다.

쉼터 직원들은 여자아이들에게 친절했지만, 확실하게 선을 지켰다. 아이들 입장에서 그 선은 너무 견고하여 넘을 수 없었다. 그저 여기 있는 동안 주는 밥 먹고 사고 치지 않고 지내다가 무사히 퇴소하면 그들의 임무는 완성되는 것이었다. 소라가 겪었던 어른들의 세계는 '무사고 안전빵주의'였다. 누구도 모험하지 않았고, 업무 처리를 개선하기 위해 노력하지 않았다. 소라는 저장했던 편지를 불러내어 다시 쓰기 시작했다.

지영아, 너무 보고 싶은 지영아, 지난 일 년 동안 나에게 어떤 일이 있었는지 너는 상상도 할 수 없을 거야. 우리가 앞으로 다시는 만날 수 없다면 내 모든 이야기를 아는 사람은 나 하나밖에 없겠지. 나는 매일 고민해. 우리가 만나지 못할 수도 있으니까 이 편지에 모든 내용을 다 담아서 너에게 알려 주는 것이 좋을지, 정말 하기 힘든 얘기들은 편지로 쓰지 않고 우리가 만났을 때 이야기하는 것이 좋을지. 너와 나는 초등학교 때부터 꼭 붙어 지냈으니까 서로를 백퍼 알고, 또 이해

하는 사이였잖아. 그래도 어쩌면 지금 내가 하려는 얘기는 네가 이해 못할 수도 있어. 그래서 사실 난 많이 무서워.

외삼촌이 소파에 누운 채로 할머니에게 전화를 걸었어. "엄마, 지금 어디예요? 언제 들어와요? 두 시간 후요? 알았어요."라고 하더니 전화를 끊었어. 외삼촌은 소파에서 일어나 내가 있는 방으로 왔어. "소라야, 삼촌하고 얘기 좀 할래?" 외삼촌이 방으로 성큼 들어오면서 쉰목소리를 냈어. "무슨 얘기를······." 내 말이 끝나기 무섭게 외삼촌은 나를 침대 위에 넘어뜨렸어. 순식간에 일어난 일이었어. 지옥 같은 시간이 흘렀어.

외삼촌이 밖으로 나가자마자 나는 욕실에 들어가 미친 듯이 몸을 닦았어. 방으로 돌아와서 침대 시트를 걷어 속옷과 함께 욕조에 넣고 물을 받은 다음 가루비누를 한 움큼 넣고 마구 밟아 댔어. 온몸이 아프고 벌레가 기어다니는 것 같아 미칠 것 같았어. 외삼촌이 다시 내 방으로 들어올까 봐 너무 무서웠어. 난 멍하니 천장을 바라보다가 할머니가 쓰는 안방 화장대의 서랍을 열어서 오만 원짜리 한 장과 만 원짜리 몇 개를 집어 들고 가방 하나만 메고 집을 나왔어.

몸이 아프고 쓰려서 걷기가 힘들었어. 그때 제일 먼저 너에게 전화를 걸어야겠다고 생각했어. 그런데 나는 너한테 전화하지 못했어. 그냥 계속 거리를 걷다가 아무 버스나 탔어. 많은 사람들이 버스를 타고, 또 내렸어. 나는 어디에 내릴지도 생각하지 않았어. 버스 종점에서 내렸을 때 이미 밖은 깜깜했어. 할머니에게서 전화가 왔지만 난 받을 수가 없었어. 난 근처에 보이는 찜질방으로 들어갔어.

온몸의 기운이 다 빠져나가는 느낌이었어. 나는 찜질복으로 갈아입고 수면방으로 들어가 누웠어. 그리곤 잠이 들었어. 다시 깨어났을 때가 새벽 두 시쯤이었나. 수면방 안은 조용했어. 한쪽에서 코 고는 소리가 들렸어. 나는 아침까지 꼬박 뜬눈으로 누워 있었어. 너무 외롭고 슬퍼서 몇 번이나 너에게 전화하려고 했지만 결국 전화하지 못했어. 그 사이 할머니는 여러 번 전화와 문자를 보내왔지만 난 한 번도 응답하지 않았어.

이튿날 나는 학교에 가지 않았어. 아침에 담임에게서 전화가 왔지만 받을 수 없었지. 나는 '선생님, 오늘 몸이 아파서요. 하루 결석할게요.'라고 문자를 보냈어. 담임은 '몸조리 잘하고 내일 학교 올 때 약봉지 챙겨 와라.'라고 답 문자를 보내왔어. 배가 너무 고팠지만 아무것도 먹고 싶지 않았어. 난 탕에 들어가 몸을 씻었어. 몇 번이나 비누칠을 했고 씻고 또 씻었어. 그리고 샤워하면서 한참을 울었어. 탕 안에 있던 사람들이 흘깃 쳐다보았지만 이내 자기들 몸 씻기에 바빴어. 탕에서 나와 옷을 입는데 머릿속이 하얘져서 아무 생각도 안 났어. 탈의실에서도 한참을 멍하니 있었어. 밖으로 나가기가 두려웠어. 무엇을 어떻게 해야 할지 막막했어.

여기까지 쓰고 나니 소라의 어깨와 팔이 저려 왔다. 저녁 시간이 가까워지고 있었다. 아침, 점심까지 거르고 보니 배도 고팠다. 소라는 침대에서 내려와 문밖으로 나갔다. 식당 쪽에서 음식 냄새가 났다. 센터장이 소라를 발견하고 "일어났구나. 저녁 먹을 준비해라. 종일 굶어서 배고프겠다."라고 말했다. 같은 방의 아이들도 외출에서 돌아왔다. 갑자기 쉼터 안이 소란스러워졌다. 한 아이가 "뭐 맛있는 거 해요?" 하면서 주방 쪽을 기웃거렸다. 쉼터에는 소라가 있는 방의 세 명 외에도 다른 방에 있는 여자아이들이 있었다. 모두 여덟 명쯤이었다. 그들은 한 테이블에 네 명씩 두 테이블에 나눠 앉았다. 센터장과 쉼터 직원 세 명도 다른 테이블에 앉았다.

   센터장은 오랜만에 식당이 북적거린다면서 흡족해 했다. 센터장은 "자, 맛있게 먹자. 자기 앞에 놓인 것은 다 먹어야 한다."라고 말했다. 모두 수저를 들고 밥을 먹기 시작했다. 소라는 센터장의 말을 들으며 지영이를 떠올렸다. 지영이도 음식 남기는 것을 무척이나 싫어했었지. 쉼터의 식사는 학교급식과 크게 다를 바 없었다. 밥과 국이 있고 서너 가지의 반찬이 있는 단출한 식사였다. 아이들은 대화를 나누며 소란스럽게 밥을 먹었다. 음식 냄새에 소라의 뱃속이 요동쳤다. 밥 한 숟가락을 떠서 입에 넣었다. 국 한 숟갈, 김치와 두부 부침도 먹었다.

   몇 숟가락의 밥을 떠먹으며 소라는 밥은 절대 남기지 말라는 지영이의 당부를 떠올렸다. 지영이와 함께였다면 내가 남긴 밥도 다 해결해 줬을 텐데. 오늘따라 유난히 지영이의 밥 먹는 모습이 그리웠다. "먹어야 해. 먹을 수 있을 때 먹어 두지 않으면 후회하는 게 우리 생활이야." 작년에 가출팸에서 만났던 언니는 늘 그렇게 말했다. 세상에서 가장 미련한 사람이 먹을 기회가 생겼는데도 챙겨 먹지 못하는 사람이라고 했다. 소라는 오랜만에 밥을 반 공기나 비웠다.

쉼터에 오고 나서 처음으로 소라의 방에서 세 명의 여자아이들이 마주 보고 바닥에 앉았다. 며칠 동안 말없이 조용하게 지내던 소라가 밥도 먹고 정신이 들어 보였는지, 두 사람 중 소라 또래로 보이는 아이가 질문을 퍼붓기 시작했다. "여기 오기 전에 어디 있었니?", "학교는?", "엄마 아빠랑 연락하니?", "친구는 있니? 남자 친구는?" 아이는 속사포처럼 질문을 쏟아 냈다. "여기 오기 전에는 친한 언니들이랑 어울렸고, 학교는 안 다니는데, 계속 다녔으면 고1이고…… 아빠는 작년에 돌아가셨고, 엄마는 아픈데……" 둘 중 한 명이 소라보다 한두 살 많아 보여서 소라는 존댓말도 아니고 반말도 아닌 어색한 말투로 답했다. 둘은 귀를 세우고 소라의 이야기를 들었다. 그러나 그 이상 소라가 해 줄 이야기는 없었다.

둘 중 한 아이는 소라와 동갑이었다. 그리고 한두 살 많아 보이던 아이는 고1 때 자퇴했는데 계속 학교에 다녔으면 고3이라고 했다. "네 이름이 소라라는 건 들어서 알고, 난 영주야. 그냥 언니라고 불러."라고 말했다. "난 세미야. 여기 있는 동안 친하게 지내자." 세미는 동갑 친구를 만나서 들뜬 것 같았다. 쉼터의 각 방에는 이층 침대 두 개와 책상이 두 개씩 있었다. 공부도 하라는 뜻으로 한 방에 두 개씩 넣어 둔 것 같았지만 아이들은 그 위에 잡동사니들을 얹어 놓거나, 옷을 벗어 걸쳐 놓는 용도로 사용했다. 책상 위는 아이들이 벗어 놓은 옷으로 수북했다.

찜질방에서 이틀을 보내고 나는 용기 내서 경찰 지구대에 찾아갔어. 외삼촌이 벌을 받아야 할 것 같았거든. 안 그러면 내가 제대로 살 수 없을 것 같았어. 지구대 주변을 서성이다 안을 들여다보았어. 지구대엔 아무도 없었고, 출입문은 잠겨 있었어. 출입문에 '급한 용무가 있는 분은 여기로 전화하세요'라는 글귀와 전화번호 하나가 적혀 있었어. 그냥 돌아갈까 생각하다가 조금 더 기다리자 하고 서성이고 있는데, 순찰차가 한 대 오더니 두 명의 경찰이 내려서 지구대 안으로 들어갔어. 나는 심호흡을 한 번 하고 경찰을 따라 들어갔어. "뭔가요? 무슨 일 있어요?"라고 경찰 중 한 명이 물었어. 나는 기어들어 가는 목소리로 말했어. "신고하고 싶어요……."

경찰은 놀라서 "무슨 신고요? 도난당했어요? 아니면 물건을 뺏겼어요?" 이렇게 여러 번 물었어. 내가 말했어. "아니, 그게 아니구요. 혹시 여기 여자 경찰 분은 안 계신가요?" 내 말에 두 명의 경찰은 서로를 쳐다보았어. "아, 잠시만요. 전화 좀 할게요." 경찰은 어디론가 전화했어. "여기 여학생 한 분이 신고하러 왔는데 여자 경찰관을 찾습니다. 누가 한 번 오셔야 할 것 같은데요."라고 말하곤 수화기를 내려놓았어. "저쪽 의자에 좀 앉을래요? 조금 기다리면 누가 올 겁니다."

잠시 기다리자 순찰차 한 대가 오더니 젊은 여자 경찰관이 내렸어. "아, 이분이세요? 무슨 일이죠?" 앳돼 보이는 여자 경찰은 나에게 물었어. 난 작게 말했어. "신고하고 싶어요……." 여자 경찰은 나를 쳐다보며 말했어. "그러니까 무슨 신고요?" 나는 주변을 둘러보며 말했어. "여기서는 좀……" 내가 망설이자 여자 경찰은 "그러면 서로 갑시다." 라면서 밖으로 나가자는 손짓을 했어. 그래서 나는 여자 경찰을 따라 구청 옆에 있는 경찰서의 소년과로 갔어.

엘리베이터에 탔을 때, 복도를 걸을 때, 그곳에 있는 모든 사람이 꼭 나만 쳐다보는 것 같았어. 얼마나 무섭고 떨렸는지 몰라. '내가 말은 제대로 할 수 있을까. 무엇부터 말해야 하지?' 내 머릿속은 다시 혼란스러워졌어. 여자 경찰은 상관인 듯한 사람에게 뭐라고 말했어. 잠시 후에 경력이 있어 보이는 여자 경찰이 왔어. "신고할 것이 있다고 했죠? 이쪽으로 올래요?" 내가 따라간 곳은 아주 조그만 방이었어. 탁자와 의자가 두 개 있고, 밖이 보이지 않는 창이 있었어.
"자, 어디 이야기를 좀 들어 봅시다. 무슨 일이 있었나요?"
"제가 성폭행을 당한 것 같아요."
"이런…… 누가 언제 그랬나요?"
조사하는 경찰이 의자를 내 쪽으로 바짝 당겨 앉았어.

"내가 한 가지씩 물어볼게요. 차분하게 이야기해 줘요. 그 일이 언제 발생했나요?"

"삼 일쯤 된 것 같아요."

"장소는요?"

"그냥…… 집이요."

"아, 집…… 그런데 벌써 며칠이 지났네요. 누군지 얘기해 줄 수 있어요?"

난 차마 외삼촌이 그랬다고 말할 수가 없었어.

"그냥 아는 사람…… 어른이었어요."

"혹시 이름을 알아요?"

"이름은 정확하게 모르는데요."

"병원에 갔었나요?"

"아니요. 그날은 많이 아팠는데 다음 날부턴 참을 만해서 안 갔어요."

"아, 혹시 몸을 씻었어요?"

"예, 깨끗이 씻었어요."

"몇 번이나요?"

"아주 여러 번……"

"아……."

경찰은 짧게 탄식했어. 그리고 점점 더 구체적으로 물어보았어. 그때 입었던 속옷을 가지고 있냐, 장소가 어디냐, 이불이나 침대 시트가 있느냐, 그 일이 있고 나서 어떻게 했느냐와 같은 내용을 쉴 새 없이 물어보면서 내가 말할 때마다 노트북 자판을 빠르게 두드렸어. 난 너무 수치스러웠지만 외삼촌이라는 것만 빼고 나머지는 기억나는 대로 다 말했어. 그 당시 정말 토할 것 같았고, 더러운 것이 내 몸에 묻은 것 같아서 여러 번 씻었고, 그날 밤에 찜질방에 가서 또 씻었다고 했어. 속옷과 침대 시트는 비누를 풀어서 빨았다고 했어. 경찰은 내 말에 점점 실망하는 눈빛이었어. 그러면서 저항했느냐, 격렬하게 저항했느냐, 저항하다가 몸에 상처가 났느냐, 보여 줄 수 있느냐고 물었어. 그때 난 거의 기절한 상태였거든. 처음엔 저항했지만 온몸에 힘이 빠져서 저항할 수 없었다고 했어. "좀, 볼게요." 하면서 경찰은 내 손목을 잡더니 옷소매를 올리고 상처 난 곳이 있는지 살폈어. 목 주변과 뺨도 자세히 살펴보았어.

"쉽지 않겠는데요."

"예?"

"범죄를 입증할 만한 증거를 모으기가 힘드네요. 그래도 한 번 해 봅시다. 그 사람에 대해서 아는 것을 다 말해 봐요. 관계, 연락처…… 뭐라도 좋아요. 꼭 오늘 말하지 않아도 좋으니 생각나는 대로 자세하게 이야기해 줘요. 병원에 가서 진찰도 받아 보아야 하는데 며칠이 지나서 특별한 내용이 나올 것 같진 않지만 그래도 병원에 다녀오세요. 밖으로 나가면 안내해 줄 겁니다."

나는 젊은 여자 경찰의 안내를 받아 그 근처의 산부인과로 갔어. 의사는 이것저것 물어보고 진찰대에 누우라고 했어. 난 부끄러웠어. 나중엔 거의 자포자기 상태에서 의사가 하라는 대로 했어. 의사는 자꾸 힘을 빼라고 했어. 내 몸속으로 기구가 들어왔고 너무 아팠어. 의사가 몇 가지를 더 물어보았어. 난 병원에서 빨리 나가고 싶어서 생각나는 대로 답했어. 진찰을 끝내고 의사는 컴퓨터에 뭐라고 입력하더니 종이 한 장을 출력해서 젊은 여자 경찰에게 넘겼어. 난 다시 경찰서로 갔어. 작은 방으로 들어가자 나를 조사했던 여자 경찰이 서류를 들고 들어와 앉았어.

"부모님에게는 말씀드렸어요?"

"아빠는 교통사고로 돌아가셨고, 엄마는 아프세요."

"엄마가 어디가 아프신가요?"

"그냥…… 아빠 돌아가시고 나서 병원에 입원하셨어요."

"그렇군요. 엄마, 아빠가 다 그러셔서 힘들었겠네요. 어디서 살았어요?"

"외할머니 댁에서 살았어요. 거기서 학교 다녔어요."

"외할머니 말고 다른 식구도 같이 살았나요?"

"외삼촌이요."

"혹시…… 외삼촌이 그랬나요?"

경력 있어 보이는 여자 경찰은 이 질문을 하면서 내 눈을 똑바로 보았어. 난 아무 말도 못했어. 병원에서 가져온 서류를 읽어 본 경찰은 들릴 듯 말 듯한 목소리로 "아…… 이거 쉽지 않겠는데?"라고 말했어. "일단 돌아가서 좀 쉬고, 또 부르면 그때 다시 와요. 아마 상담 선생님이 연락할 겁니다. 다 그렇게 하는 거니까 상담을 잘 받아 봐요."라고 말했어. 난 고개를 끄덕였어. 그리고 나를 경찰서로 데리고 왔던 젊은 여자 경찰을 따라 나와 경찰차를 탔어. 경찰은 운전대를 잡고

백미러를 쳐다보며 어디에 내려 줄지를 물었어. 어디로 갈 건지, 머물 곳이 있는지는 묻지 않았어. 나는 머물던 찜질방 근처에서 내려 달라고 했어. 경찰차에서 내린 나는 찜질방으로 다시 갔어. 다리가 후들거렸어.

찜질방으로 들어가자마자 찜질복으로 갈아입고 곧바로 수면방으로 들어가 맨 구석 자리로 가서 누웠어. 하염없이 눈물이 나왔어. 진동이 울려 휴대폰을 보니 모르는 번호로 문자가 왔어. '여기 경찰서 앞 사거리에 있는 마음건강 상담실인데요. 많이 힘들었죠? 시간 될 때 한 번 방문해 줄래요? 오기 전에 전화 주세요. - 이유진 원장' 문자가 흩어져 휴대폰 화면에서 제각각 움직이는 것 같았어. 내가 그곳에 가면 또 처음부터 물어보겠지? 같은 이야기를 반복하기는 싫었어. 문자에 답신을 하지 않고 휴대폰을 껐어. 모든 게 귀찮았어. 너도 알잖아. 내가 원하지 않을 땐 아무것도 하지 않는 거…… 난 수면방에서 잠이 들었어.

얼마나 잤는지 모르겠지만 창밖이 어두워져 있었어. 누군가 나 있는 곳으로 다가왔어. 나보다 두어 살은 많아 보이는 여자가 내 옆에 와서 앉았어. 나도 일어나 앉았어. 그 여자는 나에게 말을 걸었어.

"어제도 봤는데, 여기 자주 오네요?"
"아, 네······."
"저녁 먹을 땐데 여기 식당으로 밥 먹으러 갈래요?"

그녀의 목소리는 낮고 침착했어. 난 따라갔어. 찜질방 구석에 있는 식당엔 미역국, 해장국, 갈비탕 같은 메뉴가 있었어. 그녀가 먼저 메뉴를 선택했어. "난 미역국 먹을 건데, 뭐 먹을래요? 음식값은 걱정 마요. 이게 있으니까." 그녀가 왼쪽 손목을 들어 보였어. 찜질방에서 계산할 때 쓰는 팔찌를 차고 있었어. 난 기운이 없어 "저도요······."라고 겨우 말했어. 미역국은 따뜻했고 맛있었어. 그녀가 "남기지 말고 다 먹어요."라고 말했어. 그 순간 또 지영이 네가 생각났어. 그녀는 자기 이름이 '윤정미'라고 했어. 그냥 언니라고 부르라길래 나도 내 이름을 말했어. "예쁜 이름이네." 식사가 끝나자 우린 매점으로 가서 식혜를 먹었어.

그 와중에 밥도 맛있고, 식혜의 시원한 맛이라니. 정미 언니는 꼬치꼬치 묻지 않았지만 내가 뭔가 거짓말하면 안 될 것 같은, 나를 압도하는 힘 같은 게 느껴졌어. 나는 외삼촌 이야기만 빼고 거의 다 말했어. 빚에 시달리던 아빠가 교통사고로 죽고, 엄마는 지금 병원에 입원 중이며, 난 외할머니 댁에 있다가 지금은 나왔고, 학교는 결석 중이라고 말했어. 정미 언니는 진심으로 걱정해 주었어. 말하는 나를 보면서 그저 가끔씩 고개만 끄덕였는데 이상하게 나를 진심으로 걱정한다는 생각이 들더라. 말하고 나니까 내가 생각해도 불과 몇 개월 사이에 나에게 이토록 많은 일이 일어났다는 게 믿기지 않았어.

"앞으로 어떻게 할 생각이에요?" 정미 언니가 물었어. "모르겠어요. 집 나온 지 이틀 동안은 할머니가 찾았는데 이젠 연락도 안 와요. 엄마하고 나 때문에 많이 힘들어 하셨거든요. 아마 다시 찾지 않을지도 몰라요. 다시 그 집으로 가긴 싫고…… 지금은 아무 생각도 나지 않아요." 여기까지 말하는데 눈물이 쏟아져 나왔어. 정미 언니는 내 어깨를 가볍게 끌어안으며 등을 토닥여 주었어. 그 품이 넉넉하고 손길이 따뜻해서 난 더 울었어. 마치 어릴 때 날 안아 주던 엄마 품 같았어. 정미 언니는 "갈 곳이 없으면 우리 집으로 갈래요?"라고 물었어. 나도 사실은 이 언니를 따라가고 싶다고 생각했거든. "그래도 돼요?"라고 물으니까 "그럼요. 걱정하지 말아요."라고 언니가 웃으며 말했어.

내가 정미 언니를 따라 들어간 곳은 아파트였어. 엘리베이터를 타고 6층에 내렸어. 정미 언니는 익숙하게 현관문에 달린 디지털도어록의 비밀번호를 눌렀어. 문이 열리고 실내로 들어섰을 때 내 또래의 아이들이 현관으로 나와 정미 언니에게 인사했어. 여자애들, 남자애들이 같이 생활하는 곳이었어. "자, 새 식구가 왔어. 인사들 해." 정미 언니가 말하자 아이들이 호기심 어린 눈으로 나를 보며 "난 정혜야." "반가워, 나는 은정이라고 해." "난 명수." 아이들은 스스럼없이 자기 이름을 말하며 인사했어. "저는…… 음…… 강소라라고 하는데요." 나도 내 이름을 말했어. 이곳은 한눈에 봐도 집을 나온 아이들이 모여 사는 곳이었어. 내 머릿속에 있는 '가출팸'은 집 나온 아이들 여럿이 모여 혼숙하는 탈선의 장소였는데 거기는 그런 느낌이 없었어. 어른들만 없을 뿐이지 일반 가정집 분위기였어.

말끔하게 정돈된 거실, 깨끗한 주방, 그리고 세 개의 방이 있는 집이었어. 정미 언니가 설명했어. "안방에는 여자아이들 세 명이 있는데, 이제 넷이 됐네? 그리고 남자아이들은 저쪽 방에 세 명이 있고. 음…… 그리고 저긴 내 방이야." 정미 언니는 손가락으로 각 방을 가리키며 "네 명이 지내려면 좁으려나? 그럼 나하고 지내든가." 그러자 여자아이들이 일제히 말했어. "아뇨, 우리랑 같이 지낼 거예요. 그렇지?"라고 말하면서 내 팔을 잡아끌었어. 나는 정미 언니를 바라보며 못 이기는 척 이끌려 방으로 들어갔어.

안방은 정돈이 잘되어 있었고, 중간 크기 침대가 두 개 있었어. "정해진 자린 없지만 한 침대에서 두 명씩 자면 돼."라고 은정이가 말했어. 그리고 바로 "학교는?"이라고 물어 왔어. 나는 결석 중이라고 말했어. "피곤하지? 열두 시에 점심을 먹으니까 좀 잘래?" 자기를 정혜라고 소개한 아이가 말했어. 그때가 열 시였으니까 두 시간 정도 여유가 있었어. 아이들은 방을 내주고 다시 거실로 나갔어. 나는 침대 끝에 걸터앉아 천장을 바라보다가 그대로 누워 잠이 들었어.

꿈을 꾸었어. 여러 명의 어른이 나를 둘러싸고 알아듣기 힘든 말을 했어. 엄마와 아빠 얼굴이 지나가고 선생님들, 할머니와 외삼촌 얼굴이 보였어. 외삼촌이 "소라야, 죽을 죄를 지었다. 다시는 그런 일이 없을 테니 집으로 돌아와라."라고 말하는 것 같았어. 그러다 음흉한 웃음을 지으며 사라졌어. 담임의 얼굴이 보이면서 "내일 학교에 올 때 약봉지 챙겨 와라, 약봉지."라고 말하고는 "괜찮아, 결석해도. 약봉지만 챙겨 오면 무단결석이 아니니까. 그러나 약봉지 없이 결석이 길어지면 졸업 못할 수 있단다. 중요한 사항이니 안내해 주는 거야."라고 말했지. 꿈속에서도 또렷한 담임의 목소리였어. 얼굴도 생각나지 않는 의사는 "뭐 상처도 없고 큰 문제없네요."라고 말하는 듯하더니 경력이 있어 보이는 여자 경찰은 "아, 그렇군요. 쉽지 않겠네요. 왜 바로 목욕을 했나요? 속옷도 빨면 안 되는데." 하면서 나를 나무랐어. 나는 "어른들은 다 지옥 같아요."라고 말했어. 그런데 아무리 애써도 내 말은 입 밖으로 나오지 않았어. 나 혼자 중얼거릴 뿐이었지.

누군가 깨우는 소리에 일어나니 벌써 점심때였어. 주방 앞의 식탁은 두 개를 길게 붙여 놓아서 열 명이 앉아도 될 만큼 넓었어. 중학생은 나 혼자인 듯했어. 한 명이 중학교를 졸업하고 고등학교에 입학하지 않았다고 했고, 나머지는 고등학교에 다니다가 가출해서 이곳으로 왔다고 말했어. 그러니까 거기선 내가 막내였던 셈이야. 정미 언니는 더 이상 아무것도 묻지 않았고, 나에게 요구하는 것도 없었어. "여긴 식사 준비, 설거지, 청소, 세탁 당번이 있어. 일주일마다 한 번씩 바꾸지. 소라는 며칠 쉬다가 한 가지 맡아서 하자." 나는 "네."라고 답했어. 밥과 반찬이 식탁 위에 차려졌어.

잡곡밥과 김치, 계란부침, 두부와 콩자반, 생선구이, 큰 접시에 담긴 샐러드가 있었어. 아이들끼리 생활하며 차린 밥상인 데도 엄마가 차려 준 밥상 같았어. 맛있는 점심이었어. 오랜만에 공깃밥 하나를 다 비우고 반찬도 많이 먹었어. 처음 와서 이래도 되나 싶을 정도로 이것저것 많이 먹었어. 모두 나를 보고 말했어. "잘 먹어야 해. 음식은 남김없이. 그래야 설거지가 편하지." 약속한 듯이 합창하고는 모두 깔깔거리며 웃었어. "정미 언니가 늘 하는 말이거든. 정미 언니는 다른 것은 다 필요 없고 밥만 잘 먹으면 이뻐해 준다?" 정미 언니가 나를 보고 웃었어.

며칠이 지났고 당번 면제 기간도 끝났어. 그 사이에 아이들도 이런저런 얘기를 해 주었고, 정미 언니도 내가 그 집에 빨리 적응하도록 도와주었어. 내가 알던 가출팸과는 완전히 다른 분위기였지. 그 집에는 정미 언니를 중심으로 일곱 명의 아이들이 있고, 스스로 정한 규칙이 있었어. 외출은 자유로웠지만 밤 열두 시까진 들어와야 했고, 밥과 반찬은 딱 먹을 만큼만 준비해서 그릇을 완전히 비워야 식사가 끝났어. 세탁물은 각자 세탁 바구니에 넣고 당번이 세탁과 건조를 한 다음 거실에 놓으면 알아서 자기 것은 가져갔지. 서로 의견이 엇갈리면 정미 언니를 찾아서 중재를 요청했어. 정미 언니는 양쪽의 이야기를 들어 보고 판단을 내려 주거나 정리가 어려울 땐 모두 모이게 해서 의견을 나누었어.

아이들은 편의점이나 배달 알바를 했어. 한 달에 일인당 30만 원을 생활비로 냈어. 그걸로 집세도 내고 여덟 명의 생활비로 썼어. 아마 그것만으로는 부족했을 거야. 나는 공짜로 먹고 잤으니까. 아이들이 다 모아서 낸 만큼 정미 언니가 따로 부담하는 것 같았어. 한 달에 200만 원도 더 됐을 거야. 아이들은 늘 미안해 했고, 정미 언니는 입버릇처럼 "미안하면 밥 잘 먹어. 남김없이."라고 말했어. 생활의 모든 것을 파악하고 나니 그 집이 정말 편해지더라. 나는 알바를 하지 않으니 청소나 세탁을 도맡아서 하겠다고 했어. 그런데 아이들이 그럴 수 없다면서 규칙대로 하자고 말했어. 내년부터는 나도 알바를 하면 된다고. 정미 언니는 아침 먹고 알바를 나가서 저녁 전에 들어왔어. 점심때는 남아 있는 아이들끼리 밥을 먹거나 라면을 끓여 먹었지.

정미 언니는 나보다 세 살이 많았어. 열아홉 살이었지. 학교를 계속 다녔으면 고3이었을 거야. 그런데 내가 만난 어떤 어른보다도 아이들 마음을 잘 이해했어. 큰소리도 내지 않았고, 문제가 있으면 아이들을 모이게 해서 이야기를 나눈 다음 가장 합리적으로 해결하도록 도와주었어. 언니는 책을 많이 읽어서 그런지 아는 것도 많았어. 언니 방에는 책이 많았거든. 나는 마음속으로 정미 언니에게 물어보고 싶은 것을 정리했어. 정말 궁금한 것이 많았어.

아이들에게 듣기도 하고, 정미 언니도 가끔 이야기해 주었지만 결정적인 궁금증은 풀리지 않았어. 왜 학교를 다니지 않는지, 이런 형태의 가출팸을 유지하는 이유가 무엇인지, 밖에서 누굴 만나고 다니는지와 같은 질문거리들 말이야. 하지만 꼭 물어봐야 해결되는 것은 아니겠지. 언젠가 편하게 이야기할 수 있을 때 들으면 되니까. 여기 아이들 모두 그런 것 같았어. 하고 싶지 않은 이야기는 안 한다, 꼭 필요한 경우가 아니라면 거짓말은 하지 않는다, 귀가 시간이나 공동으로 지켜야 할 규칙 외에 나머지 사생활에 대해서는 철저하게 보장한다, 모두에게 할 말이 있을 땐 게시판에 내용과 시간을 적어서 제안한다 등 생활하면서 보니 모두 이 생활 방식에 익숙한 것 같았어. 나는 그곳 생활이 정말 편하게 느껴졌어.

나는 정미 언니가 좋았어. 언니가 진지하게 말할 때, 웃을 때, 따뜻하게 안아 줄 때, 아무 말 하지 않고 똑바로 쳐다볼 때도 난 언니가 너무 좋았어. 초겨울 어느 날 나는 정미 언니에게 외삼촌 이야기를 했어. 언니는 이야기를 다 듣고 함께 울었어. 그리고 나를 꼭 안아 주었어. 등을 토닥이면서 낮은 목소리로 "괜찮아. 다 좋아질 거야. 아이들에게는 네가 말하고 싶을 때 해. 안 해도 상관은 없어."라고 말했어. 난 언니와 오래 함께 있고 싶었어. 내가 만난 사람 중에 지영이 너 말고는 내 마음을 알아주는 사람이 하나도 없었는데 정미 언니는 마치 나를 오랫동안 지켜봐 온 것처럼 대해 줬어.

남자아이들도 정미 언니 말이라면 잘 들었어. 자기들끼리 싸우다가도 언니가 정리해 주면 군말 없이 받아들였지. 언니는 남자아이들에게 늘 오토바이 탈 때 조심하라고 당부했어. 명수는 언젠가 "누나, 우리 집 애들만 모범적으로 오토바이를 타요. 배달하는 다른 애들이 우리 보고 아저씨냐고 해요. 근데 사고 나면 나만 손해니까 곡예 운전은 안 하는 게 좋긴 하죠."라며 웃었어. 언니는 고1 때 자퇴를 했다는데, 그 집에선 작년부터 생활했으니까 대략 일 년 반 동안 어디서 무엇을 하고 지냈는지 말해 준 적이 없었거든. 누구도 묻지 않았어. 언젠가 편한 마음으로 이야기할 때가 있다고 믿었거든. 언니도 우리의 사생활을 지켜 주었으니, 우리도 그렇게 하는 것이 맞다고 생각했어.

그 집에서 평화로운 날들을 보냈어. 경찰서에서 두어 번 전화가 왔어. 외삼촌 이야기를 하길래 "내가 꼭 들어야 하나요? 그냥 어른들끼리 처리하세요. 앞으론 전화 안 받을게요."라고 말했어. 상담소에서도 한 번 더 문자가 왔는데 그냥 읽씹 했어. 난 이제 아무 문제 없을 것 같았거든. 어른이 없어도, 아이들끼리만 있어도 아무 문제가 없었으니까. 모두 자기 집보다 그곳이 좋다고 했어. 남자아이들은 "정미 누나는 어른이 되면 안 돼요. 여기서 오래 같이 살아요."라고 말했어. 나만 정미 언니를 좋아하는 게 아니더라구. 아마 정미 언니는 아이들 때문에라도 그 집을 떠나지 않겠구나 생각했지.

겨울이 왔어. 봄이 되면 나도 알바를 할 수 있다고 아이들이 말했어. 나는 되도록 빨리 알바를 하고 싶었어. 조금이라도 생활비를 보탰으면 했거든. 내가 시간이 가장 많이 남으니까 당번이 아닐 때도 청소와 세탁을 하곤 했어. 아이들이 그러지 않아도 된다고 말했지만 나만 공짜 밥을 먹는 것 같아 모두에게 미안해서 말야. 하도 청소를 자주 하니 집 안이 반들반들 윤이 나더라니까. 모두 나를 좋아해 줬어. 저녁에 집에 들어올 때는 소라 먹이려고 가져왔다면서 치킨과 피자를 내

놓곤 했어. 간식을 배부르게 먹고, 콜라까지 들이킨 명수는 "끄억!" 소리를 내며 트림을 했어. 그 표정이 웃기면서도 얼마나 편안해 보이던지.

지영아, 난 태어나서 가장 긴 편지를 쓰고 있어. 이 편지를 받을 사람이 너라서 안심이야. 그 집에서 지내면서 '만약 정미 언니가 없다면……' 그런 상상을 하면 눈앞이 아득해졌어. 거기서는 잘 때 꿈도 꾸지 않았어. 어쩌다 꿈을 꾸어도 어른들은 나타나지 않았지. 내가 아이들만 나오는 꿈을 꾸겠다고 다짐해서 그랬나. 어느 날 초인종이 울렸어. 어떤 아줌마였어. "소독이요." 하더니 들어와서는 주방과 화장실에 소독약을 칙칙 뿌리고 나갔어. 나가면서 "지금 학교 갈 시간 아닌가? 어디가 아파서 집에 있는겨?"라고 물었어. 나는 속으로 웃었어. 어떤 어른이든 관심사는 딱 한 가지, 아이들은 학교에 가야 한다는 것이었어.

소라에게 쉼터의 생활은 단조로웠다. 계속 새로운 아이들이 들어오고 며칠 머무르다 어디론가 나갔다. 이제 이곳에서는 소라가 가장 오래 있는 셈이었다. 센터장은 가끔 어디서 전화 온 데 없느냐고 물었다. 사회복지사는 이제 일주일에 한 번씩 전화를 했다. 무슨 일이 있는지, 가족이나 친척에게서 연락이 왔는지 물었다. 누구도 이곳에 오래 있다고 뭐라 하는 사람이 없었다. 무료한 날들이 지나갔다. 정미 언니와 분위기가 비슷했던 언니도 어느 날부터인가 보이지 않았다.

상담사는 한 달에 한 번 소라를 찾아왔다. 올 때마다 똑같은 질문을 반복했다. '기분이 어떤지, 학교에는 가고 싶지 않은지, 어떤 생각을 가장 많이 하는지, 특별히 하고 싶은 것이 있는지'를 물었다. 소라의 대답도 한결같았다. "나도 모르겠어요. 아무 생각도 안 해요. 왜 그런지 나도 몰라요."라고 성의 없이 답변해도 상담사는 짜증 내지 않았다. 상담이 끝나면 메모하던 수첩을 가방에 넣고는 "행복했던 생각을 자주 하세요." 라며 돌아갔다. 문밖을 나서는 상담사의 뒷모습이 '오늘 일은 끝났다'라는 듯 가벼워 보였다.

쉼터 생활에 익숙해지니 소라는 주방에 가서 설거지도 하고 세탁하는 일도 도왔다. 이곳에 오는 아이들의 패턴은 비슷했다. 처음 며칠 동안은 혼란스러운지 밥도 제대로 안 먹고, 누구와도 대화하려 하지 않았다. 그러다가 배가 고프면 밥을 먹기 시작했고, 밥을 먹고 난 다음부턴 말을 했다. 그러다가 부모가 나타나서 데려가기도 하고 다른 기관으로 옮겨 가기도 했다. 가끔 경찰이 와서 아이들에게 이것저것 묻다가 돌아갔다. 나쁜 일을 하다가 걸려서 소년원으로 가는 아이들도 있었다. 소라는 하루 중 많은 시간을 할애하여 지영이에게 편지를 썼다. 처음에는 보내지 않을 편지라는 생각이 들었지만 이 편지를 다 쓸 때쯤이면 어쩌면 지영이를 만날 수도 있지 않을까 생각했다. 지난 일을 떠올리면 여전히 두통이 밀려왔지만 그것도 최근에는 많이 좋아졌다. '나쁜 생각만 하고 어떻게 살아……'라고 혼자 되뇌곤 했다.

센터장은 아무도 소라에게 연락하지 않는 것을 의아해 하면서도 소라가 이곳 생활에 적응하여 잘 지내는 것에 만족하는 듯했다. 게다가 소라가 눈치 있게 행동하고, 청소와 설거지도 해 주니 일손도 덜어 좋아하는 것 같았다. 말썽만 부리지 않는다면 여기서 일을 도우면서 계속 있는 것도 나쁘지 않다고 생각했을 것이다. 센터장은 소라와 짧은 대화를 나눌 때도 은연 중 '문제를 일으키지 않는다면'이라는 단서를 달았다. 다른 아이들은 가족이 있는 집에서 나와 쉼터까지 오지만, 소라는 돌아갈 집이 없다는 것을 센터장도 알았다. 시설로 가면 그곳에서 학교에 다닐 수 있다고 말했다. 시설에는 열여덟 살까지 있을 수 있다고 했다. 가출팸을 전전하던 아이들은 규칙이 있는 쉼터에 들어오지 않으려 한다고 했다. 그래서 쉼터까지 오는 아이들은 훨씬 어려운 처지에 놓인 경우가 많다는 것이다. 소라는 복잡하게 생각하기 싫었다. 어디로 가든 어른들이 없는 곳이면 좋겠다고 생각했다.

지영아, 너에게 편지를 쓰면서 지난 시간을 정리할 수 있었어. 지금도 너는 나를 찾고 있겠지. 쉼터에서 학교로 연락했다면 아마 작년에 다니던 중학교로 했을 거야. 중3 때 담임에게 연락했다면, '아, 그 질병 결석 자주 하던 애?' 정도로 나를 기억할 거야. 아니면 벌써 잊었을 수도 있고. 졸업식에는 가지 않았고, 당연히 고등학교에는 들어가지 않았어. 가끔 나를 아는 모든 사람에게서 잊혀지는 것도 나쁘지 않다는 생각이 들었어. 물론 지영이 너는 예외지만. 이제는 경찰에서도 연락이 오지 않아. 상담사와 사회복지사만 가끔 찾아오는데 올 때마다 다른 곳으로 옮기고 싶냐고 물었어. 난 환경이 바뀌는 것이 싫어서 그냥 여기 있겠다고 했어. 사회복지사는 하고 싶은 게 있으면 말하라고 했어. "뭐 딱히 없는데요."라고 말하면 일지에다가 '딱히 없음'이라고 적었어.

지영아, 내가 정미 언니와 함께 가출팸에 있었다고 했잖아. 긴 시간은 아니었지만 그곳에서의 생활은 좋았어. 계속 거기 있었다면 나는 너를 일찍 만날 수 있었을지 몰라. 무엇보다 정미 언니와 함께 있으면 정말 마음이 편했어. 가끔 손을 잡아 주면 지금까지 느껴 보지 못한 따뜻함이 느껴졌어. 내가 그 손을 놓지 않으면 언니도 오래 잡고 있었어. 다른 아이들도 마찬가지였을 거야. 친구들 모두 그곳에 오래 있고 싶어 했어. 가끔 치킨과 맥주를 먹을 때도 있었어. 아이들은 맛있게 먹고 마셨어. 그리고는 뒤처리도 말끔하게 했어. 정미 언니가 심심할 땐 책을 읽으라고 하면서 자기 방에 있는 책들을 소개해 주기도 했어. 어떤 책도 눈에 들어오진 않았지만, 책에 대해 이야기해 주는 정미 언니의 음성이 좋아서 난 자꾸 물어보곤 했어. 정미 언니도 그곳에서 아이들과 생활하는 게 편한 것 같았어. 아이들을 위해서 희생하는데 정미 언니가 불편하면 나도 불편할 것 같았지.

초겨울의 어느 날이었어. 저녁을 먹고 거실에서 티브이를 보고 있는데 초인종이 울렸어. 명수가 문을 열자 건장한 남자 어른들이 신발도 벗지 않고 거실에 들어왔어. 그들은 우악스러운 목소리로 "야, 정민아. 얼굴 좀 보자!"라고 말했어. 이곳에 정민이란 이름은 없었거든. 정미 언니가 나섰어. "나가서 얘기해요. 아이들이 있으니까." 정미 언니의 본명이 정민이었나 봐. 난 혼란스러웠어. "이년아, 나가긴 어딜 나가. 아주 그냥 여기서 소꿉장난하고 있었네? 오빠들이 도와줬으면 너도 할 도리를 해야지. 여기서 뭐 하고 있는 거야?" 남자 어른들은 금방이라도 정미 언니를 때릴 기세였어.

"야, 됐고. 돈은 마련됐어? 그거 받고 갈라니까. 좀 가져와 봐라. 계좌이체도 가능해."
"지금 마련하고 있으니까 조금만 더 시간을 주세요."
"아니 시간을 얼마나 더 줘. 얘가 아주 간이 부었구나. 여기서 자선사업 하셨나? 잔말 말고 따라와."
"옷 좀 갈아입구요."

"이 미친년이 이 와중에 품위 유지 하시려고? 그냥 따라 나와. 밖에 용호 형님한테 얘기해."

정미 언니는 남자들을 따라 나갔어. 잠시 후 '용호 형님'이란 사람을 만나고 들어온 정미 언니는 "너희들 놀랐지? 내가 좀 가 볼 곳이 있거든. 아마 이 집은 비워 주어야 할지도 몰라. 미안하다."라고 급하게 말했어. 그리고 옷가지를 챙겨 나갔어. 집 밖에서 남자들이 외쳤어. "야, 빨리 안 나와?" 정미 언니의 표정이 몹시 어두웠어. 나를 걱정스레 바라보았어. 나는 달려가서 정미 언니 품에 안겼어. "언니, 난 언니가 없으면 안 되는데. 안 가면 안 돼요?" 정미 언니 품은 언제나처럼 따뜻했지만 언니는 가볍게 나를 밀어냈어. 밀어내는 손길이 얼마나 원망스러웠는지 몰라. "잘들 살아. 아마 앞으로 연락도 안 되지 싶다." 명수가 나섰어. "아니, 그게 무슨 말이에요? 연락도 안 돼요? 뭐 이런 경우가 다 있어?" 아이들 모두 눈앞에 벌어지고 있는 상황을 이해하지 못했어. 그렇게 정미 언니는 남자들을 따라갔어.

우린 모두 뜬눈으로 밤을 새웠어. 다음 날 아침에 부동산에서 아저씨가 왔어. 어제 그 남자들이 이 집의 전세금을 모두 찾아갔다는 거야. 우리가 3억을 부담할 수 있으면 계속 살고, 아니면 일주일 내로 집을 비워 달라고 했어. 주인이 월세는 싫다고 전세만 놓겠다고 했대. 티브이, 냉장고, 세탁기와 침대 같은 가구는 오후에 차가 와서 다 실어 간다고 했으니 정리해 놓으라고 했어. 하늘이 무너지는 기분이었어. 정미 언니와 헤어진 것도 기가 막힌데 당장 갈 곳도 없어졌으니 말이야. 아이들이 거실에 모였어. 명수가 물어봤어. "다들 어떻게 할 거니?" 남자아이들 중 한 명은 그냥 집으로 들어가겠다고 했어. 명수는 집으론 도저히 갈 수 없다고 월세방이라도 얻어 나가겠다고 했어. 나머지 한 명은 "따라가면 안 될까?"라고 말했어. 여자아이들 중 한 명은 집으로 들어가겠다고 했고 한 명은 이모네로, 나머지 한 명은 명수를 따라가고 싶다고 했어.

이제 나만 남은 셈이었지. "소라는 어떻게 할 건데?" 명수가 물어 왔어. "난, 글쎄…… 딱히 갈 곳은 없는데……"라고 말하자 원한다면 같이 가자고 했어. "생각 좀 해 볼게." 난 지낼 곳이 없어져서 불안한 것보다 정미 언니와 떨어진다는 사실이 너무 슬프고 믿기지 않았어. 명수를 따라간다고 해도 정미 언니가 없는 곳에서 혼숙을 하고 싶지는 않았어. 나쁜 부모가 있어도 집이 있는 아이들이 있고, 그렇지 않으면 월세라도 얻어 독립하겠다는 아이들은 이 상황을 담담하게 받아들였어. 다음 날 우린 옷가지를 챙겨 캐리어에, 배낭에 쑤셔 넣고는 나중에 다시 만나기로 하고 헤어졌어. 난 배낭을 메고 나와 무작정 걷기 시작했어. 정미 언니라면 어떻게 하라고 했을까. 혹시 몰라서 정미 언니에게 전화했더니 '없는 번호'라는 음성이 들렸어. 난 다시 절망했어. 아무 생각도 안 나고 그저 발이 아플 때까지 걸었어.

소라는 여기까지 쓰고, 어깨를 두드리며 눈물을 닦았다. 그리고 정처없이 걷기만 하던 그날을 떠올렸다. 겨울 동안 이곳저곳 가출팸과 찜질방을 전전했다. 소라의 얼굴을 유심히 관찰하던 어떤 남자 어른은 자기가 기획사의 피디라면서 카메라 테스트를 하자고 했다. 당장 한 끼 먹을 돈조차 없던 소라는 그 남자를 따라갔다. 그곳은 기획사가 아니라 연기학원이었다. 원장이라는 사람이 물었다. 연예인 하기에 좋은 얼굴과 몸을 가졌다고 하면서 여기서 조금 수련하면 기획사 연습생으로 들어갈 수도 있고, 잘만 하면 드라마에 출연할 수도 있다고 말했다. 그런데 수강료에다 의상비, 화장품비, 숙소비로 천만 원 정도가 필요하다고 했다. 일주일 안에 마련해 올 수 있냐고 하면서 소라의 표정을 살폈다. "손댈 곳도 없어. 아주 좋아. 오랜만에 만나 보는 자연 미인이네." 하면서 음흉하게 웃었다. 그러면서 갈 곳이 없으면 학원에 방이 있으니 지내라고 했다. 소라는 겁이 났다. 무슨 일이 일어날지 뻔했다. 소라는 학원을 나왔다.

   그날도 하루 종일 아무것도 먹지 않아 배가 고팠다. 편의점에 가서 컵라면을 사서 뜨거운 물을 붓고 기다렸다. 라면에 젓가락을 넣어 휘저으니 뜨거운 김이 훅 올라왔다. 소라는 다시 슬퍼졌다. 이제 소라 또래의 아이들은 얼굴만 보아도 가출한 애인지 아닌지 알 수 있었다. 자포자기 심정으로 가출한 아이를 무작정 따라간 적도 있었다. 대부분 좁아터진 방 하나에 남녀 아이들이 엉켜서 대여섯 명이 생활하곤 했다. 십대 아이들이 어른 남자와 함께 지내는 곳도 있었다. 그 경우엔 거의 어른 남자가 십대 아이들을 시켜 못된 짓을 하곤 했다. '갈 곳 없는 분 재워 줌. 10대 환영'이라고 SNS에 올리는 어른들도 있었다.

어느 날 변두리 가출팸에서 만난 준호가 소라에게 동업을 하자고 했다. "소라 넌 이쁘니까 잘하면 돈을 벌 수 있어. 나하고 여기 영식이하고 앱에서 아저씨를 꼬실 거야. 물론 네 사진으로. 그러면 액수를 정하고 모텔로 가거든. 오해하지 마. 그 남자하고 잠을 자라는 것이 아니야. 방 호수만 문자로 보내 줘. 정확히 10분 후에 나랑 영식이하고 들이닥쳐서 사진을 찍을 거야. 그리고 그 남자 집에 알리겠다고 협박하는 거지. 유부남이고 아이들이 있으면 더 좋아. 전에도 아는 형하고 해 보니까 제발 집에만 알리지 말라고 하면서 그 자리에서 오백만 원을 우리에게 계좌이체 해 줬다니까? 어때, 한번 해 보지 않을래?"라고 진지하게 물었다.

처음에는 말도 안 된다고 생각했던 소라도 한편으로 솔깃했다. 한 번에 그 정도 돈을 벌 수 있다면 더는 배가 고프지 않을 것 같았다. 소라가 처음 남자아이들과 '동업'을 할 땐 정말 무섭고 떨렸다. 모텔방에 들어가 침대를 보자마자 외삼촌이 떠올랐다. 그러나 5분만 참자 하고 가만히 있으면 준호와 영식이 들이닥쳐 "아니, 너 여기서 뭐 하고 있어? 오빠가 찾았잖아. 전화도 안 되고⋯⋯ 저 아저씬 또 뭐고!" 하며 능청스럽게 연기를 했다.

그리고 휴대폰을 들어 어른 남자와 소라를 한 프레임에 담아 사진을 찍었다. "아저씨, 이거 바로 인터넷에 올라갑니다? 댁에서 사모님과 아이들이 보겠네요. 아니 어떻게 미성년자랑 이런 델 들어와요?" 이렇게 나가면 대부분 어른 남자는 원하는 게 뭐냐고 물었다. "원하는 게 뭐 있겠어요. 아저씨 같은 미성년자 밝히는 어른들을 감방에 보내는 거죠." 작업을 거듭할수록 아이들의 연기는 늘어 갔다.

대개는 현장에서 계좌이체로 돈을 받았다. 몇 차례 작업이 이뤄지는 동안 한 번도 신고는 없었다. 준호가 말하길, 절대로 같은 지역에서 두 번 이상 하면 안 되고, 같은 모텔에 두 번 이상 들어가면 안 된다고 했다. 작업이 한 번 끝나면 소라가 가장 힘든 역할이었다고 하면서 적으면 오십만 원에서 많을 땐 이백만 원을 나누어 주었다. 영식이는 고등학교 1학년 때까지 씨름 선수였다고 했다. 키가 무척 크고 근육질에다가 목소리도 걸걸했다. 누가 봐도 20대 후반의 얼굴과 목소리였다. 영식이는 "내 얼굴 이렇게 생긴 게 이런 일 하라고 부모님이 만들어 주신 거야."라며 능청스럽게 웃었다. 소라는 '잘하면 이 작업으로 연기학원에 낼 수강료도 마련할 수 있지 않을까?'라고 생각했다.

지영아, 처음에는 떨리고 힘들었지만 몇 번 거듭하니 나도 연기가 늘었고, 남자애들도 점점 더 능숙하게 일을 처리했어. 이래도 되는 걸까 여러 번 생각했지만 미성년자를 찾는 남자 어른들은 좀 혼이 나야 한다는 생각도 들었어. 한 번 그렇게 당하면 다음부턴 절대로 그런 짓을 안 하겠지 하고 말이야. 난 준호랑 영식 오빠랑 함께 생활했어. 돈이 생기니까 세탁기, 냉장고가 다 설치돼 있는 오피스텔을 월세로 얻을 수 있었어. 주인은 만날 필요도 없고 부동산에서 계약을 도와주었어. 영식이가 자기 형 이름으로 계약했어. 부동산의 중개사는 신분증을 보자는 말도 하지 않았어. 요즘 워낙 불경기라 들고 나는 것이 한 달에 손을 꼽을 정도였다면서 바로 계약서를 써 주었어. 주로 준호가 소개팅 앱에서 남자 어른을 물색했어. 내 사진은 계속 바꾸었고, 화장을 짙게 하니 미성년자로 보이지 않았어. 가명을 써서 'XX 만남 원함'이라고 올리면 금세 남자 어른이 나타났어.

그날도 습관처럼 어른 남자 한 명을 물색해서 작업에 들어갔어. 모텔에 들어가자마자 방 호수를 찍어서 영식 오빠에게 보냈어. 그런데 5분이 지났는데도 영식 오빠가 들어오지 않았어. 나는 덜컥 겁이 났어. 남자 어른이 "미나는 몇 살이야?"라고 물었어. 난 "몇 살로 보여요?" 하면서 태연한 척했어. "이십 대 중반? 그런데 완전 동안이네. 난 이런 여자가 좋아."라며 웃었어. 그렇게 겨우 시간을 끌고 있었지만 십오 분이 지나도 영식 오빠는 소식이 없었어. "아저씨, 저 급한 전화 한 통만 할게요."라고 하고는 영식 오빠에게 전화를 걸었어. 오빠는 받지 않았어. 난 초조하고 불안했어. 욕실에 들어갔던 남자 어른이 다가왔어. 너무 무서웠어. 외삼촌의 얼굴이 떠올랐어. 그리고 다시 지옥 같은 시간이 흘렀어.

나는 혼자 남은 모텔방에서 멍하니 천장을 바라보았어. 지영이 너와 정미 언니의 얼굴을 떠올렸어. 너와 함께했던 초등학교, 중학교 시절이 필름 돌아가듯 지나갔어. 정미 언니와 생활했던 시간도 빠르게 떠올랐다가 이내 사라졌어. 난 그건 현실이 아니고 잠시 꿈을 꾼 것일지도 모른다고 생각했어. 다시는 그런 시간이 오지 않을 거라 생각하니 너무 쓸쓸했어. 나에게 겨울은 끝나지 않는 계절인지도 몰라.

난 영식 오빠에게 전화를 걸고, 카톡에 메시지를 넣었지만 영식 오빠는 전화를 받지도, 메시지를 읽지도 않았어. 준호에게도 전화했지만 연락이 안 됐어. 무슨 일이 생긴 걸까. 점점 불안감이 커졌어. 그러다 늦은 저녁에 영식 오빠에게서 카톡이 왔어. '소라야, 집으로 들어가지 마라. 그리고 빨리 피해. 서울로 가는 것이 좋겠어.'라는 메시지였어. 아마 더 나쁜 어른을 만나서 곤경에 처한 것 같았어. 난 부천역으로 가서 전철을 타고 서울로 향했어. 그리고 다시 찜질방과 가출팸을 전전했어. 무슨 일이 있었겠니. 그런 아이들의 생활은 다 비슷비슷해. 알바를 하는 아이들도 있었지만 먹고살기 위해 성매매를 하는 아이들도 있었고 심지어 마약을 하는 아이들도 있었어. 모두 내 얼굴을 보고 '큰돈 벌어 보자'면서 꼬드겼어. 어른들과 연결된 아이들도 있었어. 그중에는 자기도 모르게 빚을 지고 그걸 갚기 위해 원하지 않는 일을 하는 아이들도 있었어.

지영아, 그 겨울은 정말 춥고 길었어. 나에게 봄은 없었던 것 같아. 사계절이 모두 겨울이었어. 원래 내가 추위를 많이 타잖아. 난 늘 추웠어. 이 겨울이 지나면 너를 볼 수 있을까? 정미 언니와 함께 있었다면 난 너를 만나려고 했을 거야. 언니와 아이들과 함께 생활하던 때로 돌아가고 싶지만 이젠 그럴 수 없어. 정미 언니와 함께했던 짧은 시간이 꿈은 아니었을까. 많은 사람들을 만나 보았지만 정미 언니 같은 사람은 어디에도 없었으니까. 정미 언니는 나에겐 엄마였고, 선생님이었고, 친구였어. 너무 보고 싶어서 밤새도록 운 적도 있어. 세상은 위험한 것으로 가득하고 어른들은 믿을 수가 없고, 나는 이미 나락으로 떨어졌다는 생각에서 벗어날 수가 없었어. 이 많은 사람 중에 내 편을 들어줄 사람이 없다는 사실 때문에 너무 힘들고 외로워. 나는 매일 세상에서 사라지는 상상을 하다가, 언젠가 정미 언니 같은 사람이 나타나지 않을까 하는 헛된 기대를 하면서 하루살이 같이 살았어.

가출팸에서 머무르는 일도 쉽지 않았어. 혼숙은 일상이었고 아이들은 매일 술과 담배에 절어 있었어. 이야기를 들어 보면 다 비슷했어. 하나같이 어른들은 믿을 수 없다고 했어. 그렇다고 무슨 계획이 있는 것도 아니었어. 그냥 사는 거지. 아침에 눈이 떠지고 배고프니 밥을 먹고, 그것도 귀찮아 컵라면으로 때우고. 머무는 방의 월세를 내야 하니 알바를 해야 하고. 가끔 범죄에 연루되어 경찰서에 들락거리고. 나는 점점 희망 없는 생활에 익숙해지고 있었어. 그렇게 무의미하고 지루한 생활을 이어 가다가 나는 그만 왼쪽 손목에 커터 칼을 대고 말았어. 정신을 차리고 보니 병원 응급실이었어. 병원에서는 보호자를 찾았지만 나를 위해서 병원에 와 줄 사람은 없었어. 그렇게 며칠 병원에서 치료를 받고 찾아온 곳이 바로 이곳 청소년 쉼터야. 여기에 얼마나 머무를 수 있을지 나는 몰라. 이곳을 떠나 달리 갈 곳도 없으니 아무 생각 없이 머무르고 있어. 그러다가 지영이 너에게 편지를 써야겠다고 생각한 거야. 네가 받을 수 있을지도 확실하지 않지만 나는 지금 이거라도 해야 할 것 같아. 이 편지를 언젠가는 네가 읽을 수 있길 바라면서.

센터장은 여전히 소라에게 어디서 전화 온 데 없느냐고 물었고, 일주일에 한 번 전화를 하던 사회복지사도 매번 같은 질문을 했다. 무슨 일이 있었는지, 가족이나 친척에게서 연락이 왔는지 물었다. 한 달에 한 번 오던 상담사의 질문 내용도 변하지 않았다. 소라의 기분을 물었고, 학교에 가고 싶은지, 어떤 생각을 많이 하는지를 물었다. 소라 역시 같은 답으로 일관했다. "나도 몰라요. 무슨 생각을 하겠어요." 소라의 짜증 섞인 답변에도 상담사는 침착하려 애썼다. 그리고 소라와 대화가 끝나면 매번 같은 동작으로 안경을 올려 쓰고는 메모하던 수첩을 가방에 넣고 쉼터를 나섰다. 센터장과 직원들, 상담사와 사회복지사 모두 자기가 맡은 일을 차질 없이 하는 사람들이었다. 소라의 아빠가 죽고, 엄마가 정신병원에 입원하고, 할머니 댁에서 외삼촌에게 몹쓸 일을 당하고, 고등학교엔 가 보지도 못하고, 가출팸과 모텔을 전전할 동안에도 사람들은 아무 일 없다는 듯이 자신들의 삶을 성실하게 살 뿐이었다.

지훈이의 캔버스

교실의 앞문과 뒷문으로 아이들이 몰려들어 왔다. 2학년으로 진급해 내가 맡은 반으로 배정된 아이들이다. 아이들은 쭈뼛거리며 교탁 앞에 서 있는 나를 바라보았다.

"그냥 아무 자리에나 앉아요. 오늘은 첫날이니까…… 정식 자리 배정은 다음 시간에 할 겁니다."

내 말이 끝나자 아이들은 웅성거리며 자리를 잡고 앉았다. 어떤 아이는 장난기 가득한 얼굴로 학급을 둘러보고 있었고, 어떤 아이는 자리에 앉지 않고 교실 귀퉁이에 서 있었다. 어수

선한 분위기 속에서 다른 아이들과 조금 떨어져 벽을 등지고 있던 아이가 내게로 왔다. 그리고 무슨 말인가를 하려고 했다. 그런데 쉽게 입이 떨어지지 않는 모양이다. 명찰을 보고 아이 이름이 '신지훈'이라는 것을 알았다.

"그래, 네가 지훈이구나. 네 자리는 교탁 앞으로 정해 줄 테니 일단 오늘은 아무 데나 앉거라."

지훈이는 안심이 되는 표정으로 자리를 골라 앉았다. 어수선했던 시간이 지나자 아이들도 빈자리를 찾아 모두 앉았다. 개학 날 첫 순서는 담임 시간이었다. 개학 관련 공지와 학급 안내 사항을 몇 가지 알려 준 다음 청소를 하고 나면 첫날의 일과는 끝나게 돼 있었다. 아이들에게 다음 날 시간표를 일러주고, 이번 주말에는 반장 선거와 동아리 반 편성이 있으니 어느 반에 들어갈지 생각해 두라고 말했다. 오늘은 첫날이니 청소는 할 것 없이 그저 자기가 앉았던 자리만 정돈하고 집으로 돌아가게 했다. 지훈이도 주섬주섬 가방을 메고, 신발주머니를 들고 복도로 나갔다. 또래보다 작은 몸집이었다.

"지훈이는 한쪽 귀가 안 들려요. 그것 때문에 아이들 사이에서 약간 소외됐었죠. 보청기를 권해 보았는데 내키지 않나 봐요. 아이는 착해요. 다른 아이들 신경 안 쓰고 혼자 잘 놀아요. 주로 낙서를 많이 하죠. 아무래도 잘 듣지 못하니 성적은 좀…… 그래도 맨 앞에 앉혀 주시면 좋겠어요."

반 배정이 끝난 후 지훈이의 1학년 때 담임이었던 박 선생이 내게 일러준 말이었다. 교무실로 내려와 새로 받은 명렬표를 유심히 들여다보았다. 맨 오른쪽에 번호가 매겨져 있고 그다음 칸에는 서른네 명의 아이들 이름이 있었다. 그다음 네 칸은 비어 있었다. 새로 배정된 학생들은 여자아이들이 열다섯 명, 남자아이들이 열아홉 명이었다. 그중에는 일 학년 때 '학년 짱'으로 불리던 학생의 이름도 있었다. 잠시 현기증이 났다. 하필이 아이가 내 반에 들어오다니. 내 반에 들어온 이상 어쩔 수 없이 함께 일 년을 보내야겠지만, 이 아이가 내 반에 들어오지 않았다면 더 좋았겠다는 게 솔직한 마음이었다. 평범한 교사에게 반 배정 결과 어떤 아이들을 맡느냐 하는 것은 일 년짜리 '운' 같은 것이니까.

보통 반 편성을 할 때 아이들을 성적순으로 각 반에 골고루 배치하여 성적 편차가 나지 않도록 하는 방법을 썼다. 1등 아이는 1반, 2등은 2반…… 이런 식으로 10반까지 배치하고 다시 10반부터 역순으로 1반까지 성적순으로 배치하면 학급별 성적 편차가 크지 않다는 것이다. 그리고 징계받은 적이 있거나 함께 있으면 학급 아이들에게 피해가 갈 것으로 예상되는 아이들은 성적이 비슷한 아이들끼리 바꾸어서 한 반에 여러 명이 몰리지 않게 배치하였다. 그렇게 배치하고 학급별 명렬표로 만들어 편지봉투에 담아 제비를 뽑는 식으로 새 담임을 배정하였다. 그러니 내가 어떤 아이들을 맡게 될 것인가는 전적으로 운이었다.

해가 갈수록 아이들과 더불어 멋진 학급 활동을 해 봐야겠다는 마음도 조금씩 옅어지던 차였다. 그저 큰 사고 없이 한 학년을 잘 마무리하면 좋겠다는 마음이 컸다. 젊은 교사 시절 아이들과 했던 뒤뜰 야영도, 삼겹살 파티도 할 의욕이 생기지 않았다. 작년에 2학년을 맡았던 최 선생이 아이들과 삼겹살을 구워 먹다가 한 아이가 손에 화상을 입는 일이 있었다. 이 문제로 아이의 부모가 학교에 몇 차례 다녀갔고 최 선생은 적잖은 스트레스를 받았다.

 치료비는 어찌어찌 안전공제회에 신청해서 감당할 수 있었지만, 아이의 부모는 왜 정규수업이 끝났는데 아이들을 집에 보내지 않았냐고 항의했다. 학원도 두 시간이나 빼먹었다며 공부에 손해를 보았다고 했다. 게다가 손에 화상을 입어 약을 바르고 붕대를 감아 놓았으니 한동안 글씨도 못 쓸 거라며 공부 걱정을 했다. 외고 준비를 하는 자녀에겐 치명적이라는 것이다. 최 선생도 교장도 시달렸다. 교장은 최 선생의 열정을 높이 사면서도 문제가 될 만한 일은 아예 하지 않는 것이 교사 스스로를 보호하는 것이라며 정규 교육활동 외에 학급별로 이뤄지는 활동은 자제할 것을 권했다.

 "학급 활동 많이 하면 좋지요. 아이들도 좋아하고. 나도 젊었을 때는 아이들하고 등산도 하고, 학교 운동장에 텐트 치고 밤새도록 놀고 그랬어요. 근데 요즘 부모들 잘 알잖아요? 무슨 사소한 사고라도 있으면 곧바로 학교에 책임을 물어요. 저는 말이죠. 그저 선생님들 아무 탈 없이 이 학교에 계시다가 다른 곳으로 옮기시는 것, 바라는 게 그겁니다. 협조 부탁합니다.

그래야 또 제가 선생님들 보호해 드릴 수가 있고…… 학급 운영비는 가급적 교육활동에 쓰시되, 직접 뭘 만들어 먹는 것보다는…… 뭐, 주변에 아이들 좋아하는 햄버거 가게나 피자집도 있지 않습니까? 그걸 시켜 먹는 것도 좋을 것 같고…… 학급문고를 구입하시거나, 또 뭐, 안전하게 할 수 있는 거, 그런 걸로 하시면 좋아요."

작년 직원회의 시간에 교장이 했던 말이다. 교장은 예의를 갖추어 정중하게 부탁한다고 말했다. 특히 '안전'이라는 단어를 언급할 땐 '안' 자와 '전' 자 한 글자마다 또박또박 힘을 주어 발음했다. 최 선생을 포함하여 일부 교사들은 나를 쳐다보았다. 뭔가 한마디 해 주기를 바라는 눈빛이었다. 나는 발언하기 싫었다. 공감이든 거부든, 내가 어떤 말을 했을 때 드러나는 교사들의 성향이 반갑지 않기 때문이었다. 그리고 마땅히 그것에 관하여 문제의식을 가진 교사가 이야기하는 것이 맞다고 생각했다. 왜냐하면 난 교장이 그 말을 하기 이전에 아이들과 하는 이런저런 학급 활동에 흥미를 잃어 가던 중이었기 때문이다. 그럼에도 불구하고 그때 내가 일어설 수밖에 없었던 것은 개선 의지나 정의감 같은 그런 것과는 거리가 먼, 일종의 습관 같은 것 때문이었다.

"교장선생님, 저희 걱정해 주시는 마음은 잘 알겠습니다만, 도대체 바람직한 교육활동이 뭡니까? 이것저것 안전을 이유로 아무것도 못하고…… 아이들이 자랄 때 위험 상황은 조금씩 다 있지 않습니까? 적당하게 위험 상황에 노출도 되고 하면서 극복하는 방법도 배우고 그런 게 교육이지, 그냥 아무것도 하지 않고 피자나 시켜 먹고 있으면 그게 무슨 교육입니까? 학급 활동은 교사와 학생들이 잘 협의해서 자율적으로 할 수 있도록 했으면 합니다."

옛날에는 이런 말이 한 번 나오면 최소한 간헐적인 박수가 나왔다. 그러나 이번엔 여기까지였다. 오히려 상당수의 교사들이 교장의 말에 공감하고 있었다. 전혀 예측하지 못한 바는 아니었지만, 괜히 발언했나 하는 후회가 밀려왔다.

'그래, 어차피 애들과 뭐 하고 그런 것도 귀찮고 피곤한데 교장이 저렇게 딱 정리해 주니 좋잖아? 뭐 의지만 가지고 아이들 지도할 수 있는 것도 아니고. 요즘은 그저 안전빵이 최고야. 열

심히 한다고 누가 알아주는 것도 아니고. 내가 교장 입장이라도 교사들을 보호하고 싶어 했을 거야.'

학교의 분위기는 점점 이런 방향으로 흘러갔다. 새 명렬표를 두어 번 끝까지 훑었지만 지훈이 이름이 가나다 순으로 앞에서 삼분의 일 지점에 있다는 것, 일 학년 때 '학년 짱'이었던 아이의 이름이 유난히 도드라져 보인 것 외에 다른 아이들의 이름은 눈에 들어오지 않았다. 무엇보다 반 전체 아이들의 이름을 빨리 외우는 게 좋은데, 나이를 먹을수록 그것도 점점 힘들어졌다. 아마 학년 짱과 지훈이를 비롯한 몇 명의 아이 이름과 얼굴은 내일 당장 외울 수 있을 테고, 어떤 아이들은 며칠 정도, 어떤 아이들은 한 달은 걸릴 것이다. 또 몇 아이들은 몇 개월이 지나도록 이름과 얼굴이 헷갈릴 수도 있다.

개학 이튿날 조회 시간에는 자리 뽑기를 했다. 나는 분필을 들어 칠판에 서른네 명의 자리 배치도를 그려 놓고 자리마다 번호를 매겼다. 그리고 한 명씩 나와 젓가락 제비를 뽑았다. 젓가락 끝에는 1번부터 34번까지 번호가 쓰여 있었다. 아이들에게는 먼저 양해를 구했다.

"여기 지훈이는 귀가 좀 불편해서 수업 듣는 게 힘들다고 하니 교탁 앞에 앉았으면 하는데, 혹시 다른 의견이 있는 사람?"

 이렇게 물었으나 아이들은 그 문제에 대하여 별 관심이 없었다. 제비를 뽑으면서 어떤 아이는 탄성을 질렀고, 어떤 아이는 나지막이 욕설을 내뱉기도 했다. 지훈이 옆에는 여학생이 앉게 됐다. 그렇게 서른세 명이 제비를 뽑았고 자리 배치는 끝났다. 아이들은 책상과 의자를 살폈다. 일 년 동안 자기가 쓸 것이기 때문에 몸에 맞지 않으면 조절도 해야 했고, 또 파손된 것은 목공실로 보내 수리를 부탁해야 했다. 이제 저 책상의 오른쪽 위에는 '진지한 명조체'로 학번과 이름이 적힌 이름표가 붙을 것이다. 동시에 사물함의 주인도 정해졌다. 사물함에도 이름표가 붙을 것이다. 성질이 급한 아이는 벌써 자신의 사물함에 자물쇠를 달았다.

 학기초 사무는 별것 아닌 것 같아도 교사들의 정신을 빼놓는다. 새롭게 만난 아이들을 위한 교과 수업 준비, 수업과 평가 방식 안내, 공부를 위한 모둠 편성도 했다. 공강 시간에는 여러 가지 제출할 자료들을 만들어 냈다. 25년의 경력은 무엇을 빨리 내고, 무엇을 천천히 내도 될지를 판단하여 일을 조절할 수 있게 했다. 신임 교사는 무엇을 먼저 해야 할지 몰라 계속 옆자리 선배 교사에게 물었다. 학기초 교무실 풍경은 늘 분주하고 정신이 없어 보였다. 내 경우 상담할 때 필요한 환경 조사서는 따로 받지 않았다. 그 대신 학급 활동 시간에 학생 스스로 자신을 소개하는 자료를 작성하게 했다.

생활부에서는 학생들의 사진 명렬표를 내라고 재촉했다. 업무관리 시스템에서 컬러로 출력한 사진에 이름과 집 전화번호, 휴대폰 번호를 입력하여 사진 명렬표를 만들었다. 사진이 빠진 아이들은 따로 불러 휴대폰 카메라로 교무실 벽을 배경으로 해서 즉석 사진을 찍어 인쇄하여 붙였다. 서른네 명 아이들의 사진과 이름, 전화번호가 A4용지 한 장에 모두 들어갔다. 조악한 품질의 사진, 그리고 무표정한 사진 속 표정들…… 흡사 어느 이발소나 허름한 식당에 붙어 있는 지명수배자 명부와 꼭 닮았다. 생활부에선 40개나 되는 전체 학급의 이 명부를 수합하여 비치할 것이다. 아이가 사고를 쳐서 빠르게 신원을 파악해야 할 일이 있을 때, 또 '공범'들을 잡아야 할 때 이 명부가 쓰였다. 교직 25년을 넘기고부터는 이런 절차들이 무의미하게 느껴졌고 무기력증 같은 것이 찾아왔다.

 3월 한 달은 매우 빠르게 지나갔다. 그 사이 학급 정부회장 선거가 있었고, 학생회장단도 꾸려졌으며, 학부모 총회까지 이어졌다. 3월 3주쯤에 열리는 학부모 총회는 학기초 업무의 큰 매듭이었다. 이때를 위해 줄달음치듯 학교 업무는 정신없이 전개됐다. 환경 구성도, 대청소도 이날을 위한 것이었다. 학부모 총회 날 교사들은 자신의 수업을 공개하였다. 학부모들은 교실 뒤편에서 교사의 수업과 자녀의 태도를 동시에 살폈다. 어떤 학부모는 교사의 수업 방식이 자신의 자녀에게 유리한 방식인지를 셈하였다. 학부모 총회가 끝나고 학급의 임원 학부모를 선임하고 학교운영위원회까지 구성되어야 비로소 학교는 일상을 찾았다.

 교사들은 학기초 긴장을 늦추고 조금 여유를 찾았다. 학년 협의회와 교과협의회, 그리고 부서협의회가 이어졌다. 협의회라고 해 봐야 학교의 현안들을 이야기하면서 저녁 식사를 하는 것이었다. 3월 말이 되면 교사들은 다른 학교로 전출된 교사들을 방문했다. 일종의 관례 같은 것이었다. 5년마다 학교를 바꾸면서 교사들은 마음 맞는 동료들과 관계를 이어 갔고, 학교가 서로 달라진 후에도 가끔 만나는 사이가 됐다. 그렇게 일 년에 한두 번씩 만나면서 새로운 학교 이야기, 교장 이야기, 아이들과 학부모들에 대한 이야기를 주고받았다.

지훈이의 3월은 교과 교사들의 지적이 넘치는 시기였다. 잘 듣지 못하여 수업을 따라가기가 벅찼던 지훈이는 그 답답함을 낙서로 푸는 것 같았다. 지훈이의 교과서 여백, 공책, 그리고 책상은 온통 낙서 천지였다. 교과를 담당한 교사들은 교탁 바로 앞자리에 앉아 낙서만 하고 있는 지훈이를 나무랐다.

"너는 맨 앞에 앉아서 공부는 안 하고 낙서만 하는구나. 과제는 하지도 않고 그림만 그리고…… 너 좀 혼나야겠다."

지훈이는 하루의 거의 모든 시간에 교사가 주의 주는 말을 들었다. 지훈이에게 수업은 재미없었고, 한 번 흥미가 떨어지니 이젠 어떤 말도 이해하기 힘들어진 것 같았다. 아이들은 지훈이가 말을 못 알아들어 답답하다고 어울리려 하지 않았다. 그렇다고 보청기를 하고 다니진 않았다. 언젠가 누나가 알아본 보청기의 가격이 상상을 초월했다고 했다. 보통 2백만 원이 훌쩍 넘고 귀에 쏙 들어가는 최첨단 보청기는 3백만 원도 넘었다. 공부도 못하면서 그런 비싼 것을 귀에 꽂고 다니기 미안했던 모양이다.

지훈이는 초등학교 때 동네에서 태권도를 배운 적이 있지만 중학교에 입학하면서 그만두었다고 했다. 어렸을 때는 주먹을 내지르고 발차기를 하는 것이 재미있었는데 사춘기에 들어서면서 태권도가 싫어졌다는 것이다. 지훈이가 좋아했던 사범 형이 더는 도장에 나오지 않았던 것도 태권도에 흥미를 잃게 했다. 사범 형은 고등학교에 입학하더니 다른 곳으로 이사를 갔고 관장님이 직접 가르쳐 주었지만, 도장에는 아이들이 점점 줄어들어 지훈이 말고 나오는 아이들이 열 명도 안 되어 결국 관장은 도장 문을 닫았다고 했다.

학교에선 어울려 지낼 만한 친구가 없으니 지훈이는 심심했고, 선생님들은 눈만 마주치면 지적만 하는 통에 우울한 나날이 계속됐을 것이다. 낙서할 땐 그나마 다른 것은 좀 잊고 거기에 몰입할 수 있으니 지훈이는 매시간 낙서했고, 매시간 지적

받았으며, 때론 벌을 섰다. 지훈이는 교실 뒤에 나가서 멍하니 서 있는 벌을 받기도 했고, 교과서를 어디부터 어디까지 베껴 오라는 과제 아닌 과제도 했다.

4월 초, 학교에는 연두의 물결이 넘치기 시작했다. 바쁜 3월은 끝났고 중간고사는 아직 한 달 정도 남아 있는 시기. 대기는 한층 따뜻해지고 부드러워져서 수업도 근무도 할 만한 때의 어느 날이었다. 수업 끝나는 종이 울리자마자 평소에 자주 대화도 하며 친하게 지내던 젊은 교사, 이미영 선생이 가쁜 숨을 몰아쉬며 내 자리로 왔다.

"선생님 반에 신지훈이라고 있잖아요? 그 아이 좀 어떻게 지도해 주세요. 맨 앞자리에서 공부는 안 하고 낙서만 하는 통에 신경이 쓰여서 제가 수업을 할 수가 없어요. 쪽지 시험도 맨날 다 틀리고. 제 말은 듣지도 않아요. 저기 그리고요……"

이미명 선생은 주위를 한 번 둘러보았다. 그리고 조금 더 가까이 내 앞으로 다가와 낮은 목소리로 빠르게 말했다.

"사실은 제가요. 바로 생활부에 넘기려고 했는데요. 그래도 선생님에게 먼저 말씀드려야 할 것 같아서…… 아, 글쎄 이 녀석이 제가 판서하고 있을 동안에…… 여자 나체 그림을 그렸어요. 아이들은 웃고, 어찌나 민망하던지……. 너 두고 보자 하고는 바로 나왔어요. 수치심이 느껴지더라구요. 샘이 그놈 혼내 주실 거죠?"

이미영 선생은 빠르게 국어 시간에 있었던 일을 쏟아 냈다. 말을 하면서도 분이 풀리지 않는지 연신 숨을 몰아쉬었다.

"샘, 그러니까요. 제가 뒤돌아서서 판서하고 있을 때 이놈이 나체 그림을 그리면서 무슨 상상을 했겠냐고요. 뭐 한창 그럴 때라는 건 저도 알지만, 그래도 아이들이 그걸 다 봤잖아요. 아이들이 제 얼굴과 그 그림을 번갈아 보면서 막 웃는데…… 하…… 정말 기분이 나빴어요. 근데요 샘, 너무 혼내지는 마시고요. 아무튼 다음부턴 그러지 않겠다고 다짐을 받아 주세요."

이야기를 하고 나서 분이 좀 풀리는지 조금 편안한 얼굴이 된 이미영 선생이 말을 이어 갔다.

"근데요, 그 녀석 좀 웃기지 않아요? 아까도요. 저를 그냥 빤히 쳐다보더라고요. 만약에요. 그 녀석이 아니고 샘 반에 그 1학년 때 짱 먹었던 아이 있잖아요. 그놈이 그랬다면 전 정말 무서웠을 것 같아요."

이야기를 듣고 보니 우리 반에 들어오는 교과교사들에게 좀 더 명확히 상황을 알릴걸 그랬다는 생각이 들었다. 해마다 보건실에서 '건강 문제로 관심을 가져야 할 학생 명단'을 해당 학년 교사들에게 비공개로 전달했다. 거기엔 교육활동 중 고려해야 할 정도로 몸이 불편하거나 기저질환이 있는 학생은 간단하게 질환명과 수업할 때 참고하라는 내용이 있었다. 지훈이도 그 명단에 들어 있었다. '좌측 난청, 앞자리 배치 요망' 이것이 지훈이에게 해당하는 내용이었다. 그러니 나도 교과담임들도 앞자리에만 앉히면 다른 문제는 없을 거라 생각했다. 낙서 습관 정도야 그저 사춘기 때 있을 수 있는 일로 여겼다.

"예, 선생님, 당황하셨겠어요. 선생님도 아시다시피 그 친구가 한쪽 귀를 못 듣잖아요? 그래서 수업에 적응을 잘 못하나 봐요. 낙서는 그 녀석의 유일한 취미인 것 같고요. 아마 그날의 소재가 여자 나체 그림이었던 것 같은데…… 그게 꼭 선생님을 상상하면서 그리진 않았을 겁니다. 제가 불러서 국어 선생님에게 사과하라고 잘 타일러 볼게요."

이미영 선생은 내 얘기를 듣자 바쁜 걸음으로 자기 자리로 갔다. 열정이 넘치는 젊은 교사였다. 가르치는 일에 대한 자부심도 강하고 매 수업을 의욕적으로 준비했다. 선배 교사들에게도 씩씩하게 할 말은 다 하는 편이었다. 열 명 남짓한 교원노조 분회 모임에도 나와서 잘 어울렸다. 그런 이미영 선생의 뒷모습을 보면서 생각하곤 했다. 부디 오래가기를. 그 열정이 오래도록 식지 않기를.

그날 종례가 끝나고 지훈이가 내 자리로 왔다. 녀석은 무심한 얼굴로 운동장 쪽에 놓여 있는 화분을 바라보았다. 아직 사춘기의 어떤 징후도 보이지 않는 앳된 얼굴이었다. 내 자리 옆에 있는 동그란 의자를 끌어당겨 앉게 했다. 녀석은 자기를 왜 불렀냐고 묻지 않았다. 나 중학교 2학년 때는 어땠더라? 뜬금없는 생각이 머리를 스쳤다. 내가 첫 번째로 한 질문은 이미영 선생이 이야기한 사건과는 아무런 관련도 없었다.

"선생님들 설명을 알아들을 수 없어 답답해?"
"네."

지훈이의 대답은 간단명료했다. 잠시 어색한 침묵이 흘렀다. 질문이 형편없었으니 당연한 답이었다. 두 번째 질문 역시 뜬금없었다.

"그렇게 그림을 그릴 땐 마음이 좀 편안하니?"

이렇게 질문해 놓고도 속으로 '이게 뭐지?' 하는 생각이 들었다. 좀 더 명료하게 서둘러 이미영 선생님에게 찾아가 사과하고 다시는 그러지 않겠다는 다짐을 받아야 하나…… 생각이 앞서거니 뒤서거니 하며 머릿속이 복잡해졌다. 지훈이가 나를 빤히 쳐다보더니 입을 열었다.

"샘은 낙서라고 안 하고 그림이라고 하시네요?"

지훈이의 말은 내 질문과는 영 동떨어진 것이었지만 내 질문에 대한 답으로 충분하다는 생각이 들었다.

"국어 시간 이야기 들었다. 국어 샘 화가 좀 나셨던데?"

"많이 화나셨어요? 그저 그냥 별생각 없이 그린 건데…… 국어 샘은 열심히 가르쳐 주시는데 저는 알아들을 수가 없어서 답답해서 저도 모르게……"

"그래, 그 답답한 마음 알 것 같다. 그래도 국어 선생님에게 가서 죄송하다고 사과 말씀드리는 게 어떠니?"

"네, 지금요?"

"그래, 이미영 선생님 자리는 저쪽이다."

지훈이는 머리를 한 번 긁적이더니 이미영 선생에게로 갔다. 무슨 이야기를 나누는 듯했으나 내 자리까지는 들리지 않았다. 그때 갑자기 교무실에 웃음소리가 울려 퍼졌다. 이미영 선생의 웃음소리였다. 지훈이는 다시 내 자리로 왔다. 나는 왜 국어 선생님이 저렇게 웃었냐고 묻지 않았다. 또한 지훈이를 집으로 보내면서 낙서를 멈추라든지, 공부에 집중하라는 말을 하지 못했다. 내가 한 말은 겨우 "국어 선생님이 네 사과를 받아들이셨나 보다. 그럼 이제 집으로 가거라."였다.

지훈이는 가방을 메고, 신발주머니를 들고 교무실 밖으로 나갔다. 중학교 2학년이라기엔 앳된 몸집이었다. 확실하게 낙서를 멈추고 공부를 하라고 했어야 했을까. 그리고 낙서를 하더라도 여자 나체 같은 것은 그리지 말라고 해야 했을까. 화가 난 국어 선생님에게 사과를 시킨 것 외에 내가 한 것은 아무것도 없었다.

그 이후에도 지훈이는 수업 시간에 낙서를 하다가 교과교사들에게 꾸중을 들었다. 교과교사들은 이 아이가 자신의 수업을 알아듣지 못한다는 것을 알고 '공부해라, 수업에 집중해라'라고 말하지는 않았다. 적극적으로 수업을 방해하지 않는 것만으로도 고마운 일이라고 생각했다. 맨 앞자리에서 녀석은 점점 투명 인간이 되어 갔다. 다른 아이들 역시 학기초에 입 모양으로 놀리던 것을 멈추었다. 몇 번 집적대던 1학년 때의 짱이라는 녀석도 더는 지훈이에게 관심을 두지 않았다.

수학 시간이 되면 지훈이는 안절부절 어쩔 줄 몰라 했다. 담임 시간에 적극적으로 낙서를 할 수도 없고, 수업 내용은 귀에 들어오지 않으니 마음이 불안한 모양이었다. 그렇다고 내가 먼저 '지훈아, 편안하게 낙서해'라고 하는 것은 또 얼마나 웃긴 일인가. 그래서 기껏 내가 생각해 낸 게 교과서에 나오는 가장 쉬운 예제 두 문제를 선정하여 문제를 쓰고, 풀이 과정과 답까지 적도록 하는 것이었다. 사실 예제는 교과서에 풀이 과정과 답까지 다 나와 있으니 그렇게 어려운 주문은 아니었다. 여기에 "질문이 있으면 해라."라고 말을 보탠 것뿐이다. 도무지 이게 무슨 가르침인지.

지훈이는 서둘러 예제를 공책에 베꼈다. 거기까지 10분. 그것까지 하면 낙서를 해도 좋다고 허락하는 것으로 알았는지 남은 시간은 낙서로 일관했다. 나는 수학 교과서 여백이 그렇게 넓은지 지훈이의 낙서를 보고서야 알았다. 상하좌우 여백은 물론이고 단원이 끝날 때마다 나오는 넓은 여백에 지훈이의 그림이 빼곡하게 들어 있었다. 소재도 무척 다양했다. 사람, 식물, 동물, 건물 그림이 계속 이어졌다.

지훈이는 자기에게 주어진 일상을 잘 소화했다. 적극적으로 수업을 방해하거나 교사에게 대들 정도의 심성을 가진 아이는 전혀 아니었다. 수업 시간이 되면 낙서를 시작했고, 수업을 방해하지 않으니 교과교사들은 그것을 무시했으며, 쉬는 시간에도 조용하게 화장실에 다녀와 자기 자리에서 그림을 그렸다. 점심시간에는 누구보다 맛나게 밥을 먹었다. 남김없이 밥과 반찬을 먹고는 만족스럽다는 듯 시원하게 트림을 했다. 그 모습이 어찌나 진지하고 성실했는지 지훈이가 밥을 다 먹고 숟가락을 놓을 때 지켜보던 내가 속으로 '아멘!'이라고 외칠 정도였다.

'그래. 학교에 빠지지 않고 꼬박꼬박 나오지, 최소한 다른 아이들 수업 방해도 안 하지, 밥 잘 먹지, 뭐가 문제야?'라고 생각하며 나 역시 지훈이의 일상에 익숙해져 갔다. '아무 문제없어. 하루가 멀다 하고 사고를 쳐서 학생부에 끌려가는 애들도 있잖아. 앞으로도 큰 문제는 없을 거야. 지훈이의 일상이 익숙한 풍경이 될수록 아무 문제없을 거야.'라는 내 생각도 주술처럼 반복됐다. 늦봄의 아침 조회 시간이었다. 지훈이가 먼저 작은 소리로 말했다.

"선생님, 넥타이가 바뀌었네요. 파란 바탕에 하늘색 줄무늬가 보기에 좋아요. 양복하고도 어울려요."

세상에! 파란 바탕에 하늘색 줄무늬라니. 중학교 2학년 남자아이의 표현이었다. 지훈이는 귀가 어두운 대신 눈이 밝았다. 복도를 지나다가 이미영 선생과 마주친 것도 그날이었다. 나는 지훈이가 찾아가 사과하던 날 교무실이 떠나가도록 웃었던 사연이 궁금해졌다.

"샘, 그날 왜 그렇게 웃으셨어요?"

내 질문에 이미영 선생은 다시 웃었다. 크고 맑은 웃음소리였다.

"아, 진짜…… 그 자식이 있잖아요. 글쎄 저한테 와서 죄송하다고 하고는, 전 뭐 그 정도면 그냥 돌려보내려고 했거든요. 근데 이 자식이…… 저한테 뭐라 했는지 아세요?"
"뭐라고 했어요?"

이미영 선생은 거침이 없었다. 곧 그 이유를 말할 태세였으므로 난 귀를 바짝 기울였다. 그 당시엔 별로 궁금하지 않았는데 갑자기 흥미가 바짝 올라왔다.

"글쎄 그 녀석이 그날 저에게 왔을 때요. '선생님, 죄송해요.'라고 하길래 '그래, 네가 뭘 잘못했는지는 아니?' 이렇게 물었더니, '네, 다신 안 그럴게요.'라고 아주 예의 바르게 말하는 거예요. 그래서 제가 '알았다. 이제 가 봐라.'라고 했죠. 근데 교실로 가려던 그 녀석이 갑자기 뒤를 돌아서 저를 보더니 '근데요. 선생님 되게 이쁘세요.' 이러지 않겠어요? 나 참 기가 막혀서……. 뭐 기분이 나쁘진 않았지만요. 암튼, 웃기더라구요. 그날 지훈이의 그 말을 듣고 웃음이 터졌어요."

이미영 선생은 이야기를 전하면서도 계속 웃었다. 매사에 적극적이고 활달한 이미영 선생은 지훈이의 뜬금없는 말이 싫지 않았던 것 같다. 한편으론 야단을 치면서도 관찰을 멈추지 않았다. 그날 나는 대형마트에 갔다. 문구류 코너에서 8절로 된 파스텔톤의 도화지를 한 묶음 샀다. 얼추 200장은 돼 보였다. 도화지를 살 때 지훈이 생각을 하긴 했지만, 이것으로 도대체 지훈이와 무엇을 할지는 생각하지 않았다.

며칠이 지나 종례가 끝나고 지훈이를 교무실로 불렀다. 지훈이는 영문도 모르고 교무실로 와서 주변을 살피더니 내가 권

하는 동그란 의자에 앉았다. 난 새로 산 도화지를 손에 잡히는 대로 꺼내 지훈이에게 건넸다. 스무 장 정도 되는 분량이었다. 도화지를 받아 든 지훈이의 눈이 호기심으로 빛났다. 난 지훈이를 향해 천천히 말했다.

"지훈아, 앞으로 그림은 여기에 그려라. 조회 시간, 쉬는 시간, 점심 시간, 그리고 집에 가서 마음껏 그리고 싶은 만큼 그려. 다 그리면 샘한테 가져와. 새 종이로 바꾸어 줄게."
"샘, 정말요? 와…… 고맙습니다."

지훈이는 깍듯하게 머리를 숙여 인사하고는 집으로 돌아갔다. 다음 날 조회 시간에 보니 지훈이는 도화지를 꺼내 놓고 막 심호흡을 하고 있었다. 난 눈짓으로 '그래, 마음껏 그려라'라는 신호를 보냈다. 지훈이는 그림에 빠져들기 시작했다. 그림 그리는 지훈이를 보며 내 중학교 시절의 미술 시간이 떠올랐다. 개교한 지 막 1년을 넘기고 있었던 그 시골 학교에선 대부분의 교사가 두 과목씩 가르쳤다. 1학년 때는 수학 교사가 미술까지 맡아 가르쳤다. 하루는 교탁 위에 주전자를 올려놓고 그리라고 했고, 하루는 준비물을 챙기지 못한 친구를 교탁 앞에 모델로 세워 두고 인물화를 그리라고 했다. 시간마다 미술 도구 준비를 하지 못한 아이들이 불려 나가 손바닥을 맞았고, 복도로 쫓겨나거나 교탁 앞에 서서 모델을 했다.

그러다가 2학년이 되어 첫 미술 시간을 맞았다. 난 기대가 컸다. 진짜로 미술을 전공한 선생님이 발령을 받아 오셨다. 첫 시간에 진짜 미술 선생님은 고흐의 화집을 가지고 들어왔다. 한 장씩 넘기면서 고흐의 삶과 그림에 대해 이야기했다. 아이들은 금방 지루해 했다. 화집이 중간쯤 넘어갔을 때 난 강한 전율을 느꼈다. 화집 속의 「주아브 병사」를 보았을 때였다. 그림 속의 병사는 휴식을 취하듯 앉아 있는데 정면을 바라보는 눈과 굳게 다문 입, 무심하게 늘어뜨린 큰 손이 인상적이었다. 무엇보다 병사가 입고 있는 치마는 마치 붉은 물감이 배어 나올 듯 생생하고 강렬했다. 물감을 짓이겨 덧칠한 것 같은 고흐의 그림들 앞에서, 그리고 미술 선생님의 설명을 들으면서 난 설렜다. 「감자 먹는 사람들」, 「해바라기」, 「별이 빛나는 밤에」를 연이어 보았다. 미술 선생님의 설명을 듣고 있는 아이는 거의 없었지만 선생님은 계속 설명을 이어 갔다. 그날 일은 나에겐 이유가 잘 설명되지 않는 안타까운 기억으로 오래 남아 있다.

지훈이가 그림을 다 그렸다고 가져왔다. 연필과 색연필, 때론 볼펜을 사용해서 눈에 보이는 대로 그림을 그린 듯했다. 꽃, 나무, 동물, 학교 풍경 등이 그려져 있었다. 나는 말없이 지훈이의 '작품'을 받아 들었다. 그리고 새 종이를 다시 한 움큼 집어 지훈이에게 건넸다. 지훈이도 별말 없이 새 종이를 받아 들고 교실로 갔다. 그날 5교시가 끝나고 이미영 선생이 내 자리로 왔다. 그런데 표정이 심상치 않았다. 뭔가 단단히 따지려는 분위기였다. 이미영 선생은 말했다.

"선생님, 어쩌면 이럴 수가 있어요? 오늘 국어 시간에 그놈이 또 공부는 안 하고 낙서를 하지 않겠어요? 이번에는 아주 버젓이 도화지를 꺼내 놓고 낙서를 하더군요. 나 참 기가 막혀서. 근데요, 문제는 그게 아니고…… 제가 '너 또 낙서하니? 아주 도화지까지 준비했구나?' 이렇게 야단쳤더니 글쎄 이놈이 뭐라 했는지 아세요?"

이미영 선생은 속사포를 쏘아 대듯 말했다.

"예, 뭐라 하던가요?"

"그놈이요. 아주 억울한 표정을 하고서는 '우리 담임 샘이 여기다 그리라고 했는데요?' 이러지 않겠어요? 제가 샘에게 부탁드린 것은 이놈이 수업 시간에 낙서하지 말고 공부 좀 하게 해 달라는 것이었는데 샘은 오히려 도화지까지 주면서 그림을 그리라고 했으니 이건 뭔가 잘못된 것 아닌가요?"

"예, 제가 도화지를 주면서 그림을 그려 보라 한 것은 일단 맞지요. 근데 그놈이 국어 시간에 도화지를 꺼내 놓고 그렸군요. 선생님께서 화를 내실 만도 합니다."

오늘 이미영 선생은 나에게 문제 제기를 하고 있었다. '선생님의 교육 방식을 이해할 수 없다', '아무리 듣지 못해도 최소한의 공부는 하도록 해야 하는 것 아닌가', '담임과 교과가 보조를 맞추어야 아이를 제대로 가르칠 수 있다'와 같은 말을 더 하곤 자리로 돌아갔다. 난 적극적으로 해명하지 않았다. 사실 해명할 말이 없었다. 나 자신도 어떤 의도를 가지고 그랬던 것이 아닌데, 그저 지훈이에게 학교가 너무 지루한 곳이 아니었으면 하는 마음뿐인데 이미영 선생이 정색하고 나의 교육관까지 운운한 상황이었다. 이후에도 두어 번 지훈이는 그림을 그렸다고 가져왔고, 새 도화지로 바꿔 갔다. 난 다시 반복했다.

"지훈아, 그림 그리는 시간 정해 준 거 기억하지? 조회 시간, 쉬는 시간, 점심시간이야. 그 시간에 맘대로 그림을 그려도 좋다. 아무도 뭐라고 하지 않을 거다."

그때마다 지훈이는 고개를 끄덕였다. 그렇게 그림을 가져오고 새 도화지로 바꾸어 주길 몇 번 더 하는 사이 한 달이 지나갔다. 교무실에서 아이들이 다 빠져나간 운동장을 바라보고 있을 때였다. 지훈이가 그림을 가지고 왔다. 난 잠시 놀랐다. 지훈이의 그림은 달라지고 있었다. 이번에 가져온 것도 여전히 식물과 동물들, 학교 풍경 그림이었지만 지난번까지의 그림들에 비하여 훨씬 느낌이 좋았다. 그림을 한 장 한 장 넘겨 가며 유심히 바라보던 나는 지훈이에게 말했다.

"지훈아, 이번에는 그림이 많이 달라 보여. 여기 선 처리한 것도 분명하고, 또 이쪽 색연필을 쓴 곳은 나름 배색을 맞춘 것 같은데? 그래, 새 도화지를 줄 테니 또 그려 보거라."

지훈이의 볼이 움찔거리는 게 보였다. 담임의 반응을 듣더니 기분이 좋아진 모양이었다.

"선생님, 정말이에요? 제 그림이 많이 나아졌어요?"

지훈이는 그렇게 말하면서 새 도화지를 받아 들고 씩씩하게 문밖으로 나갔다. 창으로 들어오는 빛이 지훈이의 어깨에 닿았다. 경쾌한 뒷모습이었다. 한 번 칭찬을 받고 나더니 그때부터 지훈이의 그림은 하루가 다르게 좋아졌다. 아이들이 지훈이에게 관심을 갖기 시작한 것도 그 무렵이었다. 그러자 지훈이는 수업 시간에는 그림을 그리지 않았다. 지훈이는 수업 시간 외의 여러 자투리 시간을 이용해 그림을 열심히 그렸다. 집에서도 그림을 그렸다. 그때마다 난 그림을 보고 느낀 점을 이야기해 주었다. 어떤 이야기도 지훈이는 스펀지처럼 흡수했다. 미술 선생도 내게 와서는 지훈이의 그림이 좋아졌다고 전했다.

아침에 조회하러 교실에 들어갔는데 느낌이 이상했다. 교실이 밝게 빛나고 있었다. 아이들의 책상 오른쪽 위에 붙어 있는 이름표에서 빛이 났다. 서른네 명의 이름표 여백에 지훈이가 꽃, 나비, 벌 등의 그림을 컬러로 그려 넣었던 것이다. 흰 바탕에 검은 명조체로 쓴 학번과 이름 옆에 지훈이가 그려 놓은 그림이 제법 어울렸다. 아이들이 좋아했다.

아이들은 너도나도 지훈이의 그림을 받고 싶어 했다. 1학년 때 '짱'이었던 지금 2학년의 '짱'도 지훈이에게 그림을 요청했다. 자치구에서 주최하는 환경 미술대회에 지훈이의 작품을 출품했더니 얼마 안 가 떡하니 금상 소식이 들렸다. 아이들은 환호했고 지훈이도 한결 밝은 모습으로 집과 학교를 오갔다. 200장의 도화지가 다 소진된 것은 기말고사가 끝나고 여름방학을 기다리던 때였다. 지훈이의 통지표를 쓰면서 가정통신문란을 빼곡하게 채웠다.

그림 솜씨를 발휘하여 학급 아이들의 책상 이름표를 디자인해 주었으며 환경 구성에 적극 참여하였습니다. 교내 사생대회에서 수상은 물론이고, 구에서 실시한 환경 미술대회에서 상을 받았습니다. 가정에서 칭찬해 주십시오. 지훈이는 미술 쪽으로 진로를 생각해도 좋을 만큼 소질이 엿보입니다. 지훈이와 진지하게 대화해 보시고 미술 선생님과도 상담을 해 보시면 좋겠습니다. 책을 많이 읽게 해 주세요. 사물을 보고 더 잘 이해할 수 있으면 그림 그릴 때도 더 풍부한 상상을 하게 될 것입니다. 그리고 수학을 잘하는 아이들이 그림도 잘 그립니다. 원리가 비슷하기 때문입니다. 특히 2학기 때 시작되는 도형 공부에 좀 더 신경을 쓴다면 그림에도 좋은 영향을 미칠 것입니다. 담임의 과목이 수학이라 드리는 말씀은 아닙니다.

그해 여름은 유난히 더웠다. 기말고사 후 여름방학 전까지 십여 일은 교사들도 아이들도 오로지 방학 날만 기다리며 견디는 시간이었다. 여름방학을 맞아 장문의 가정통신문을 받아본 지훈이 어머니가 전화를 해 왔다.

"선생님, 지훈이가요. 어렸을 때 귓병을 앓았어요. 언젠가 갑자기 들리지 않는다고 했는데 먹고사느라 바빠 치료 시기를 놓쳐 결국 한쪽 귀를 못 듣게 됐어요. 지금 나머지 한쪽도 점점 안 좋아지고 있다고 하네요. 애가 아주 어려서부터 집 안의 온 벽과 바닥에 낙서를 하곤 했어요. 그게 재주가 될 줄도 모르고 많이 혼내기도 했지요. 제가 선생님이 써 주신 글을 몇 번이나 읽어 보았어요. 그거 읽고 많이 울었습니다."

지훈이 어머니는 수화기 저 너머에서 간헐적으로 흐느꼈다. 지훈이는 그동안 세상과 소통하지 못하는 답답함을 그림으로 풀어 왔던 것일까. 그저 습관일 수도, 아니면 절박한 외침일 수도 있었을 것이다. 여러 생각이 스쳤다. 지훈이 어머니는 전화가 조금 길어진다고 생각했는지 미안해 하며 말했다.

"선생님, 제가 말이 너무 많았지요? 그동안 자식을 챙기지 못하고 살았나 봐요. 선생님께서 그렇게 자세하게 지훈이를 관찰해 주시고 돌봐주셔서 저도 정신이 번쩍 들었어요. 애가 학교 가는 게 즐겁대요. 방학이 왜 이리 기냐고 한다니까요."

"예…… 전 뭐 한 일도 없는데요. 그림에는 분명 소질이 있어 보이니 나중에 미술 선생님과 상담 한번 해 보시면 좋을 듯해요. 미술 선생님께서 제게도 지훈이 그림이 순수하고 좋다고, 앞으로도 기대가 된다고 했거든요."

지훈이 어머니와 통화를 하고 난 후 내 시골 중학교 시절을 다시 떠올렸다. 그때 미술 선생님은 미술 시간에 내가 그려 놓은 수채화를 보고 "너 인마, 그림 좋다."라고 했었다. 미술 선생님은 "너 인마, 특활반이 문예반이지? 미술반으로 옮겨. 내가 국어 선생님에게는 이야기해 둘게." 말끝마다 '너 인마'를 붙였던 미술 선생님은 그 후에도 몇 번 고흐의 화집을 보여 주었다.

물론 내가 문예반에서 미술반으로 옮겨 가는 일은 없었다. 중학교를 졸업한 이후 그림 그릴 일은 없었지만 미술 선생님의 "너 인마, 그림이 좋아."라는 말은 오래도록 머릿속에 남았다.

여름방학이 끝나고 아이들은 한 뼘이나 더 자란 키로 나타났다. 그새 변성기를 맞은 아이도 있었고, 얼굴에 여드름을 가득 달고 나타난 아이도 있었다. 지훈이는 한결 명랑해졌다. 아이들과 어울리기 시작했고, 아이들도 지훈이에게 무엇인가를 얘기할 때는 오른쪽 귀에 대고 또박또박 말했다. 지훈이는 교실 환경 구성을 도맡아 했고, 자기가 원하는 대로 꾸몄다. 하루는 학급에 올라가니 출입문 위에 달아 놓은 학급 표식이 없어졌다. 아이들 말이 지훈이가 어제 떼어 간 것이라 했다.

1교시 후에 발견된 학급 표식은 평범한 '2-1'이 아니었다. '2-1'이라는 글자는 있었지만 그 주변에 곰돌이 푸와 꿀단지가, 그리고 익살스러운 나무가 그려져 있었다. '2-1'은 정갈하게 코팅된 상태로 다시 교실 출입문 위에 걸렸다. 교실은 점점 지훈이의 캔버스가 되어 갔다. 지훈이는 일주일에도 몇 번씩 교실 환경 구성을 이리저리 바꿔 놓았다. 금방 공부 습관이 들지는 않았다. 수학 시간에도 여전히 과제로 내 준 예제를 베끼는 정도였다. 그러나 지훈이는 이제 분명하게 자기 의사를 표현했다.

"선생님, 이 문제는 베끼다가 뭘 묻는 건지 알았어요. 선생님, 이 문제는 아무리 읽어 봐도 뭘 묻는지 모르겠어요."

그럴 때면 몇 번이고 반복해서 문제가 묻는 내용을 쉽게 설명해 주었다.

"선생님, 정말 수학을 잘하면 그림도 잘 그릴 수 있어요? 거짓말하시는 거 아니죠?"
"그래, 특히 2학기 때 배우는 도형 단원은 공간 감각을 키우는 데도 좋단다. 쉽게 설명해 줄 테니 한번 같이 해 보자."

도형 공부를 할 때 지훈이의 눈이 빛나기 시작했다. 나는 삼각형, 사각형 등 도형을 가르칠 때의 개념 설명을 뒤로 미루고 종이와 자, 컴퍼스를 가지고 실습 위주로 수업을 진행했다. 삼각형의 닮음이 나오는 부분에서는 색종이와 가위를 사용하여 무한히 자기 복제 모양을 만들어 가는 프랙털을 실습하였다.

개념을 익히고 증명은 하지 못했지만 지훈이는 직관적으로 파고들었다. 공식이나 이론으로 문제를 보는 것이 아니라 그림과 도형으로 바꾸어 보았다.

바람은 서늘해졌고 가을은 깊어 갔다. 교실 앞 화단의 단풍나무도 선명한 붉은 옷으로 갈아입었다. 이때쯤 지훈이는 화단 쪽에 자주 머물렀다. 지훈이는 나뭇잎을 유심히 들여다보았다. 앞뒤로 넘겨 가며 신기한 듯 보고 또 보았다. 나무의 줄기도 자세히 관찰하였다. 관찰하다가 손으로 만져 보고 질감을 느꼈다. 그런 후에는 여지없이 그림으로 표현했다. 그림은 훨씬 좋아졌다. 지훈이의 그림은 교과 수업을 들어오는 교사들에게도 알려져서 자주 칭찬 대상이 되곤 했다.

과학을 가르치는 최 선생은 "그래, 요즘은 한 가지만 잘하면 돼. 그림 더 열심히 그려."라고 했고, 이미영 선생도 자주 지훈이를 칭찬했다. "얘 지훈아, 그림을 잘 그리려면 수학만 잘한다고 되는 게 아닌 거 알지? 그림은 이야기야. 이야기는 국어 시간에 다루지? 그러니까 국어 공부도 열심히 해야 해."라고 말했다. 지훈이는 모든 교사들의 이야기를 믿었다.

2학기의 시간은 짧았다. 기말고사가 끝나니 아이들은 겨울방학을 기다렸다. 지훈이의 성적이 썩 좋지는 않았지만 모든 교과에서 고르게 성적이 향상되었다. 특히 미술은 실기와 이론을 합쳐 2학년 1반에서 유일하게 만점을 받았다. 전교에서 세 명이 받는 교과 우수상도 받았다. 진심으로 축하해 주었다. 지훈이도 지훈이 어머니도 매우 기뻐했다. 겨울방학은 빠르게 지나갔다. 두어 번 지훈이 어머니에게서 전화가 왔다. 전보다 한결 밝아진 목소리였다. 일주일에 한 번씩 미술대학에 다니는 대학생이 지훈이의 그림을 봐 준다고 했다. 지훈이가 요즘 엄마에게 말도 잘 걸고 명랑해져서 자기는 그게 더 좋다고 했다. 무슨 일인가로 지훈이 아빠가 집을 나간 지는 꽤 오래되었다고 했다. 그래도 자기는 지훈이만 있으면 된다고 했다. 지훈이 엄마가 느끼는 행복감이 들뜬 목소리에 실려 나에게도 그대로 전해졌다. 2월에는 졸업식, 종업식을 위해 며칠만 등교하면 됐다. 2학년이 끝나는 종업식 날 반 아이들에게 말했다.

"자, 이제 우린 헤어진다. 일 년 동안 수고했고, 앞으로 찾아오지 마라."

"에이, 선생님 정말이요? 우리가 찾아가지 않으면 섭섭하실 텐데……."

"아니, 정말이다. 너희들은 3학년에 올라가 새로운 담임 선생님과 재미있게 지내라. 나는 너희 후배들 만나서 재미있게 놀 거다."

종업식이 끝나자 아이들은 삼삼오오 교실을 빠져나갔다. 가방을 둘러메고 신발주머니를 든 지훈이가 고개를 꾸벅 숙였다.

"선생님, 고맙습니다. 안녕히 계세요."
"그래, 지훈이도 공부하고 그림 그리느라 수고했다. 잘 가라."

아이들이 모두 빠져나간 교실이 고요했다. 서쪽에서 들어오는 햇빛이 책상을 비스듬하게 비추었다. 지훈이가 도안한 서른네 개의 이름표가 햇빛을 받아 허공으로 떠오르는 것 같았다. 사물함의 이름표에도 지훈이의 흔적이 고스란히 남았다. 지훈이의 손이 간 환경 구성과 게시물, 학급 표식도 그대로였다. 지훈이는 교실을 떠났지만, 녀석의 숨결과 손길이 교실 안에 고스란히 남아 있었다. 교실은 지훈이의 캔버스였고 지훈이의 세상이었다. 어쩌면 지훈이는 타고난 그림꾼인지도 모른다. 세상이 그걸 알아주기까지가 오래 걸린 셈이었다. 창밖에는 매서운 바람이 불었지만 가슴은 뜨겁게 벅차올랐다.

　다시 3월이 됐다. 거짓말처럼 봄기운이 교정 여기저기에서 꿈틀댔다. 나는 연구부장을 맡아 오랜만에 담임 업무를 손에서 놓았다. 사실은 자청한 보직이었다. 이 학교는 부장교사를 평교사들의 투표로 뽑는 전통이 있었다. 몇몇 교사들과 하고 있던 책 읽기 모임을 확대하고 싶어서 자청한 것이었다. 공교롭게도 연구부장을 희망한 교사가 나 한 명뿐이라 교장은 나로 임명하지 않을 수 없었다. 연구부의 3월은 매우 바빴다. 학교교육 계획서 작성, 수업연구 계획, 연간 학부모회 활동 계획, 교과협의회 운영, 지구 연구부장 회의, 교원능력개발평가 계획 수립, 포상 계획, 학습 준비물 배부 계획 등을 세우는 일이 숨 가쁘게 몰려왔다.

　다섯 명의 부서 교사들과 함께 하나씩 바쁜 일들을 처리해 갔다. 학교교육 계획서를 작성할 때는 야근하는 날도 많았다. 3월 말에 있는 학부모 총회까지는 눈코 뜰 새가 없었다. 내가 맡은 수업과 동아리 활동도 소홀히 할 수가 없었다. 교육학 공부 모임에 참여할 교사들을 공모하니 모두 열두 명의 교사들이 참여 의사를 밝혔다. 한 달에 한 번씩 책을 읽고 토론하는 교원학습공동체였다. 바쁜 3월, 한숨 돌리는 4월이 지나갔고, 푸른 5월이 왔다.

스승의 날이 돌아왔다. 언젠가부터 서로 불편하지 않기 위해 행사는 생략하고 오전 수업 후에 아이들을 하교시켰다. 오후에는 은사를 찾아뵈라는 명목의 단축수업을 했지만 아이들은 일찍 끝났다는 즐거움에 운동장 가득 웃음소리를 내며 학교를 빠르게 빠져나갔다. 그래도 몇 년 전까지 스승의 날이 되면 아이들은 정성스럽게 쓴 손편지나 카드를 들고 왔었다. 몇 해 전 티브이에서 학부모에게 받은 선물을 승용차 트렁크에 싣는 교사의 모습을 찍어 보여 준 적이 있었다. 선물인지 아닌지도 확실하지 않았으나 티브이는 교사들이 여전히 선물을 받고 있다고 보도했다. 그 후 아이들과 교사, 가정과 학교의 관계는 한층 더 서먹해졌다.

아이들은 진급하여 상급 학년으로 올라가거나, 졸업하여 학교를 떠난 뒤에 정말로 다시 나를 찾아오지 않았다. 자청하여 그리된 일임에도 아주 가끔은 허전함이 몰려왔다. 불필요한 감정의 나눔이 피곤하여 내가 맡은 아이들에게 최선을 다하고 그 시기가 끝나면 서로 깨끗하게 헤어지자는 내 말에 아이들은 그저 실천으로 화답한 것뿐이다. 옆자리에서는 졸업생들이 몰려와 어색하게 웃는 최 선생과 사진을 찍고 있었다. 점심시간이 임박했으므로 최 선생은 아이들의 짜장면 값을 감당해야 할 것이다. 이런저런 합리화를 하면서도 허전한 마음을 안고 물끄러미 창가 쪽을 바라보고 있자니 작은 서글픔 같은 것이 몰려왔다.

'내가 뭐 아이들이 찾아오길 바라는 것도 아니고 그저 작은 카드라도 보내면 어디 덧나나? 아무리 내가 평온한 인내와 쿨한 헤어짐을 강조했기로서니 정말 문자 한 통 보내는 놈이 없구나. 이제 누가 찾아오더라도 소용이 없다. 그땐 난 이미 학교 밖으로 나갔을 테니. 내가 나간 다음에 누가 찾아오면 존경하는 수학 선생이 없는 허전한 학교를 경험하겠군. 뭐 영화나 한 편 보는 것으로 스승의 날을 자축할 수밖에……'

나는 책상 서랍을 닫고, 캐비닛을 닫고, 컴퓨터를 끄고, 책상 위 물건을 이리 놓았다 저리 놓았다 물색없이 정돈하였다. 혹시라도 내가 나간 직후에 누구라도 오면 어쩌지? 나답지 않은 생각도 들었다. 그럼 5분만 더 있다가 나가야지 하다가도 '이거 내가 뭐 하는 짓이지?'하는 마음이 교차하면서 '이제는 냉정하게 나갈 시간!'이라고 오금을 박고 자리에서 일어나 출입문 쪽을 보았다. 그런데 지훈이가 그곳에 있었다.

"선생님, 퇴근하신 줄 알았어요. 저 막 뛰어왔어요."

지훈이가 싱그럽게 웃으며 내 자리로 왔다. 3학년이 된 지훈이는 그새 키가 훌쩍 컸고, 변성기가 지난 목소리는 부드러웠다. 사실 속으로 많이 반가웠지만 표현하지 않으려 노력했다.

"공부하느라 바쁜데 뭘 찾아오고 그러니. 난 사실 지금 막 나가려던 참이었어."
"저기, 선생님께 드리려고 제가 만든 게 있어요."

지훈이는 가방에서 책을 한 권 꺼내더니 책갈피 사이에 있는 카드를 조심스레 집어 나에게 주었다. 지훈이가 직접 만든 카드였다. 한눈에 보기에도 하루 종일 걸렸을 것 같은 만듦새였다. 내가 전에 나누어 준 도화지를 오려 레이어 형태로 겹겹이 붙여서 만든 카네이션이 환하게 빛났다. 꽃과 이파리, 줄기를 정교하게 표현한, 너무 훌륭한 작품이었다. 가슴이 벅차올랐다. 내가 아이들에게 받은 선물 중에 가장 소중한 것이 될 것 같다는 예감이 스쳤다. 나는 겨우 '고맙다. 지훈아'라는 말밖에 못했다. 목이 조금 메었지만 내색하지 않았다. 나는 지훈이의 작품을 감상하면서 천천히 카드 뒷면을 보았다. 그곳에는 지훈이가 나에게 전하는 한 줄의 글이 있었다. 별처럼 빛나는 문장이었다.

"선생님은 저를 최초로 인정해 주신 분입니다. 선생님, 사랑해요."

정수야 정수야

1.

 서른 해 전 너를 처음으로 만났다. 그때 너는 귀에 보청기를 착용하고 있었지. 또래보다 한 뼘이나 큰 키로 교실 맨 뒷자리에 앉아 잘 듣지 못했지만, 너는 강렬한 시선으로 칠판을 뚫어지게 바라보곤 했다. 뭔가를 더 자세하게 듣고 싶을 때면 미간을 찡그리던 네 모습이 기억에 선명하다. 수업하면서 자주 너를 쳐다보았다. 우뚝 솟아 있는 네 모습에도 눈길이 갔지만, 내 관심을 끌었던 것은 네 무심한 표정이었다. 너는 잘 들리지 않아 미간을 찡그릴 때를 제외하곤 거의 표정의 변화가 없었다.

학교생활의 시작부터 끝까지 너는 같은 표정, 같은 자세였다. 축구를 좋아했던 너는 수업이 끝난 후에도 운동장에 남아 해가 서쪽으로 기울 때까지 공을 찼다. 네가 공을 쫓아 격렬하게 움직일 때 보청기 수화기가 귀에서 빠져 대롱대롱 매달려 있기도 했다. 마음이 급했던 너는 수화기를 다시 귀에 꽂지도 않고 공만 보고 움직였다. 너는 땀을 뻘뻘 흘리며 골대 앞까지 드리블하다가 신중하게 슛을 시도했다. 빗나갔을 때 실망하던 네 표정이 지금도 기억난다. 골을 넣었을 땐 두 손을 높이 들고 환호했었지. 종일 무표정했던 네 얼굴에 행복감이 차오르던 순간이었다.

축구하던 아이들이 집으로, 학원으로 돌아간 후에도 너는 아쉬운 듯 운동장에 혼자 남아 빈 골대에 공을 차 넣곤 했어. 운동장에 드리운 그림자가 길어질 무렵, 너는 가방을 둘러메고 교문 밖으로 나갔다. 빛바랜 청바지에 스웨터를 입고 교문을 나서던 그 쓸쓸한 뒷모습을 기억한다.

학교에는 네 또래 친구가 없었다. 같은 학년의 친구들보다 네 살이나 많았으니까. 난 네가 좋았고 너도 나를 좋아해서 우린 바로 친구가 됐다. 갓 발령받은 철부지 총각 선생이 툭하면 네 허리춤에 있는 보청기 수신기에 대고 "아아, 잘 들리니?" 이렇게 말해 너를 놀라게 했다. "선생님, 거기에 가까이 대고 말하면 귀가 울려요." 듣지 못했기에 말이 어눌했던 너는 싱그럽게 웃으며 말했다.

  학교에서만 보고 있기 아쉬워 버스를 한 번 갈아타고 한 시간 반이나 걸리던 우리 집에 너는 자주 놀러 왔다. 네가 밥 먹는 모습을 좋아했던, 네가 할머니라고 불렀던 나의 어머니는 지금 돌아가신 지 십 년이 넘었다. 너는 그 학교를 졸업했고, 나도 그 학교를 떠나 다른 학교로 옮긴 후, 우린 연락이 끊긴 채로 삼십 년을 지냈다. 그리고 우린 우연히 '페이스북'에서 다시 만났다. 시간이 많이 흘렀다. 우린 긴 시간 서로를 잊지 않고 살아왔음을 확인했다. 또래들보다 네 살이 많았던 너는 나에게 지금 오십 살이 되었노라 말했다. 네 나이 열여덟에 만났는데 지금은 오십이라니, 지금 우린 둘 다 중년이다. 내 어머니가 살아 계실 때 "그놈은 어찌 사는지 모르겠다."라고 했던 이야기를 어제 너에게 들려주었고 너는 페이스북 메신저 창에 'ㅠㅠ...'를 남겼다.

너는 종로에 보청기 가게를 열었다고 했다. 기억의 소환이 이것보다 강렬할 수 있을까. 그것만으로도 난 네가 걸어온 길을 짐작했다. 평생을 세상과 소통하고 싶었던 너는 조금이라도 또렷하게 듣고 싶어 했었다. 우리가 다시 만날 수 있었던 것은 서로에게 행운이다. 긴 세월 동안 친구여서 고맙다.

2.

정수야, 네 이름을 소리 내어 부를 때마다 나는 어릴 적 너를 처음 만났던 그 중학교 교실의 풍경을 떠올린다. 귀가 어두워 듣지 못했고, 말도 어눌했던 너. 하지만 그 눈빛만은 누구보다 또렷하고 깊던 네 모습 말이다. 어제 다시 너를 만나 마주 앉아 나누었던 이야기들은 그동안 내가 막연하게 알고 있던 네 삶의 속 이야기들을 더 깊이 알게 해 주었다. 그리고 네 눈빛이 왜 그토록 깊었는지, 네 침묵이 왜 때로는 어떤 웅변보다 강렬했는지 이해하게 되었다. 네 이야기는 삶의 가장 가혹한 질문들 앞에서 한 인간이 어떻게 자신의 존엄을 지키고 희망을 찾아가는지에 대한 조용한 서사였다.

네 기억 속의 세상은 처음부터 침묵으로 가득했던 것은 아니었다. 세 살 혹은 네 살 무렵까지는 희미하게나마 소리를 듣고 말도 할 수 있었다고 했지. 엄마 목소리, 아빠 웃음소리, 마당을 지나가는 바람 소리, 낡은 라디오에서 흘러나오던 노랫소리……. 어렴풋하지만 분명히 존재했던 소리의 기억들이 네 어린 마음에 남아 있었다고 했다. 네게도 세상은 소란스럽고 다채로운 소음들로 가득한 곳이었겠지. 하지만 네 살이 채 되기 전, 네 기억 속에 희미하게만 남아 있는 어떤 알 수 없는 일로 인해 네 세상의 소리들이 일시에 멎어 버렸다고 했다. 갑작스러운 고열이었는지 아니면 사고였는지 너는 기억하지 못한다고 했다. 원인조차 모른 채 네 귓가에 들리던 모든 소리가 갑자기 사라지고, 세상은 고요라는 두꺼운 장막으로 덮였다. 그리고 소리를 듣지 못하게 되면서, 입 밖으로 나오려던 말들도 점점 어눌하게 뭉개지기 시작했다. 소리를 들으며 말을 배우고 다듬어야 하는데, 그 연결 고리가 끊어진 것이다. 네게서 소리와 말을 앗아간 그 '어떤 일'은 네 삶의 첫 번째 거대한 폭풍이었을 것이다. 네가 그 원인을 기억해 내지 못한다는 사실이 그 폭풍이 네 삶에 얼마나 갑작스럽고 예측 불가능하게 들이닥쳤는지를 증명하는 것인지도 모른다.

소리가 사라진 세상은 너에게 공포와 혼란이었다. 그리고 그 폭풍은 네 가정까지 덮쳤다. 네 살 무렵 찾아온 청력 상실의 원인처럼, 가정에 불어닥친 비극 역시 너로서는 도무지 알 수 없는 이유로 벌어진 일이었다. 아버지는 농약을 마시고 스스로 삶을 놓았고, 어머니는 집을 나가 돌아오지 않았다. 어린 네가 감당하기에는 너무나도 크고 잔인한 비극이었다. 소리도 잃고, 말도 잃어 가는 와중에 너를 지켜 줄 울타리마저 산산조각 난 것이다. 홀로 남겨진 어린 네게 세상은 얼마나 차갑고 두려운 곳이었을까. 잠시 너를 맡아 준 친척 집에서 견딘 시간은 어떠했을까. 불안하고 위태로웠을 그 시간 속에서도 네 마음 한구석에는 엄마에 대한 그리움이 사무쳤다고 했다. 문득문득 떠오르는 엄마의 희미한 얼굴, 따뜻한 품에 대한 기억이 너를 괴롭혔을지도 모른다.

 네 나이 일곱 살 무렵, 너를 일시적으로 보호하고 있던 친척은 엄마에게 데려다 주겠다며 너를 데리고 나섰다고 했다. 엄마를 만날 수 있다는 작은 희망에 부풀어 친척의 손을 잡았을 네 모습을 생각하니 가슴 한쪽이 아려 온다. 하지만 친척이 너를 데려간 곳은 엄마의 품이 아니었다. 서울역. 수많은 사람들이 오가며 북적이는 거대한 공간에 너를 홀로 남겨 두고 그 친척은 뒤돌아 가 버렸다. 네게는 소리가 들리지 않았겠지만, 그곳의 복잡함, 사람들의 발걸음이 만들어 내는 진동, 낯선 얼굴들의 물결, 그리고 무엇보다 너를 두고 가 버린 친척의 뒷모습에서 너는 세상의 냉혹함을 온몸으로 느꼈을 것이다. 엄마를 만날 수 있다는 작은 희망은 순식간에 절망으로 바뀌었고, 너는 홀로 남겨져 미아가 되었다. 낯선 사람들의 시선과 말소리 없는 세상 속에서 너는 얼마나 혼란스럽고 무서웠을까.

　　너를 발견한 경찰은 귀가 어둡고 말이 어눌한 네가 누구인지, 어디서 왔는지 알 길이 없었다. 네 입으로는 아무것도 제대로 설명할 수 없었을 테니 말이다. 결국 경찰은 너를 수녀원에 인계했다. 따뜻한 보살핌을 받을 수 있는 곳이었겠지만, 수녀원 역시 청각장애를 가진 아이와 전문적으로 소통하고 교육할 수 있는 인력이 부족했다. 네 필요를 제대로 헤아려 주기 어려웠을 것이다. 의사소통의 부재는 너와 세상 사이에 또 하나의 두꺼운 벽을 쌓았다. 너는 그 안에서 외로움과 답답함을 홀로 감내해야 했다.

오래 머물 수 없었던 수녀원에서 너는 고아들이 생활하는 농아원으로 보내졌다. 세상과의 소통이 단절된 아이들이 모여 있는 곳. 그곳에서 너는 또 얼마나 외롭고 슬펐을까. 가정의 파탄, 갑작스러운 세상과의 단절, 믿었던 사람에게 버림받음, 그리고 이어지는 시설에서의 삶. 이 모든 비극 앞에서 네 어린 마음은 얼마나 참혹했을까. 네 말처럼, 너무 슬퍼서 울다가 눈물마저 말라 버리는 지경에 이르렀을 것이다. 더 이상 눈물이 나오지 않았다는 그 담담한 한마디로 네가 겪은 고통의 깊이를 짐작할 뿐이다. 농아원에는 너처럼 가족을 잃은 고아들도 있었지만, 집에서 감당하기 어려워 맡겨진 아이들도 있었다고 했다. 그곳에서 너는 너와 비슷한 처지의 아이들, 혹은 너보다 어린아이들과 함께 지냈지만, 마음의 상처는 쉽게 아물지 않았을 테다. 농아원에서 너는 세상을 향해 닫혔던 귀 대신 눈과 손으로 소통하는 법을 배우기 시작했다. 수화라는 새로운 언어를 익히며 너만의 세상을 다시 조금씩 쌓아 갔겠지. 그곳에서 너는 훗날 평생을 함께할 동반자, 네 아내가 될 사람을 만났다.

그곳에서 생활하던 너는 농아학교에 입학하여 3년 동안 공부했다. 수어를 배우고, 읽고 쓰는 법을 익히며 세상을 이해하는 새로운 창을 열었을 것이다. 3년 간의 농아학교 생활 후, 너는 다시 일반 초등학교 1학년에 입학했다. 네 나이 열두 살 때였다. 또래 아이들보다 무려 네 살이나 많은 나이에 초등학교 1학년 생활을 시작한 것이다. 내 기억 속의 너는 늘 또래보다 성숙했었다. 농아원에서 일반 학교까지 매일 통학하며 공부했을 네 모습을 상상하니, 어린 나이에 짊어져야 했던 삶의 무게가 얼마나 무거웠을까 싶다. 네 살 어린 동생들 사이에서 1학년 교과서를 펼쳐 들었을 네 모습이 눈에 선하다. 적응하기 쉽지 않았겠지만, 너는 묵묵히 그 시간을 버텨 냈다. 초등학교에 들어가던 해에 너는 다시 세상과 연결됐다. 그때 너는 처음으로 트랜지스터 보청기를 착용했다. 신세계를 만난 것 같았다고 했다. 허리춤에 수신기를 차고, 두 줄이 달린 이어폰을 귀에 꽂으면 세상의 모든 소리와 만날 수 있었지. 그때 들었던 새소리를 지금도 기억한다고 했다. 일반인들은 새소리가 들려도 의식하지 않지만 너는 더욱 크고 선명하게 느낌 그대로 듣는다고 했다. 세상과 다시 만날 때 들었던 소리니 네 귀에 각인이 되었을 거다.

    종로 거리를 함께 걸었던 어제 너는 내게 물었어. "선생님, 새소리가 들리세요?" 기능이 떨어진 청력 때문에도, 도시의 소음 때문에도 나는 새소리를 들을 수 없었다. "나에겐 안 들리는데?" 너는 나를 향해 말했다. "선생님이 듣지 못하는 소리를 저는 들을 수 있어요. 물론 그 사이에 보청기 성능도 엄청 좋아졌지만요."라면서 너는 특유의 싱그러운 웃음을 띤 얼굴로 하늘을 보았다.

3.

그렇게 일반 초등학교를 졸업하고 중학교에 입학한 네가 나를 만났다. 내가 기억하는 중학생 정수는 이미 많은 것을 겪어 낸 단단함이 있었다. 말수는 적었지만 한 번씩 던지는 짧은 말 속에는 깊이가 있었다. 우리는 그렇게 각자의 자리에서 서로의 세계를 조금씩 나누며 중학교 시절을 함께 보냈다. 네게 말을 건네고, 너의 답을 기다리며 우리는 느리지만 우리만의 분명한 방식으로 소통했다. 내가 말을 하면 너는 내 입 모양을 주의 깊게 살폈다. 나는 일부러 입을 크게 벌려 발음하곤 했지.

난 가끔 너와 함께 우리 집으로 퇴근했고, 네가 할머니라 불렀던 내 어머니가 지어 준 밥을 맛있게 먹었다. 그 동행에 거창

한 의미가 있다고 생각하지는 않았다. 그냥 또래보다 네 살이나 많은, 듣지 못하고 말도 어눌한 너와 친구가 되고 싶었고, 학교에서만 보기 아쉬워 내 집으로 함께 간 것뿐이었다.

삼십 년 만에 너는 말했다. 선생님 댁에서 먹었던 그 밥이 농아원 밥보다 맛있었다고. 삼십 년 전 선생님의 집에서 먹었던 그 따뜻한 밥에 '전율'했었다고. 너는 먹는 행위에 '전율'이란 표현을 썼다. 맞다. 먹는 행위는 음식 그 자체가 아니라 누구와 어떤 방식으로 먹었는지가 중요하지. 네 기억 속에 남아 있는 것은 단순한 음식이 아니라 너를 전율하게 했던 경험이었다. 너는 가끔 그 밥을 생각했다고 말했다. 난 그 말을 들으며 속으로 울었다. 네가 그 밥을 추억하는 삼십 년 동안 난 여전히 음식을 가리고, 음식 앞에서 입 짧은 못난이 행세를 했거든. 그날 나는 너에게 고백했다. 정수야, 오늘은 네가 내 선생이다.

네가 먹는 행위의 엄중함을 이미 알고 있었던 그 삼십 년 전에 난 네게 묻지 않았어. "이 밥은 평소 네가 먹던 밥과 다르니? 맛은 어떠니?"와 같은 말들. 돌아가신 어머니도 그랬지. 그냥 네가 맛나게 먹는 것만 무심하게 바라보셨어. 가끔 그러셨지.

"그놈 데려오너라. 저녁이나 먹이자."

4.

정수야, 나는 작년에 두 번의 큰 수술을 하였다. 수술 부작용으로 여섯 달 넘게 미각과 후각을 잃어버렸었다. 모든 음식을 먹을 때 모래를 씹는 것 같았지. 나는 무엇을 먹는 것이 너무 고통스러워 음식을 멀리했다. 체중이 빠지고 의욕도 함께 상실됐다. 올 초 잃었던 미각과 후각이 서서히 돌아오기 시작했다. 음식 고유의 맛과 냄새를 다시 느낄 수 있었지. 독특하고 신기한 경험이었다. 나는 운동을 시작했고, 다시 음식을 맛있게 먹을 수 있다. 그것이 에너지가 되고 삶이 되는 것을 강렬하게 체험하고서야 너와 함께했던 그 옛날의 밥상을 떠올렸다.

중학교 졸업 후 너는 고등학교에 진학했지만, 고등학교 시절 네게 특별히 기억나는 선생님이나 친구가 없다고 했다. 아마도 중학교 때보다 더 치열하게, 혹은 더 외롭게 자신의 길을 찾아가는 시간이었을 것이다. 아니면 그저 네 삶의 매 순간이 녹록지 않아 주변을 돌아볼 여유조차 없었는지도 모른다.

농아원 생활은 스무 살까지가 원칙이었다. 성인이 되면 자립해서 세상으로 나가야 했다. 하지만 네가 고등학교를 졸업할 때까지, 스무 살이 훌쩍 넘어서도 농아원에서는 너를 따뜻하게 품어 주었다. 네가 기댈 곳 없는 아이라는 것을 알았기 때문이었을까. 스물세 살이 되어서야 너는 고등학교를 졸업하고 세상 밖으로 나와야 했다. 네게는 기댈 가족도, 돌아갈 집도 없었다. 이제 모든 것을 스스로 해결해야 하는 진짜 세상이 눈앞에 펼쳐진 것이다.

　스물세 살에 네가 처음 취업한 곳이 보청기 회사였다는 이야기는 네 삶의 아이러니이자 운명처럼 들렸다. 소리를 잃은 네가 소리를 찾아 주는 일을 하게 된 것이다. 그곳에서 너는 남들이 기피하는 일, 힘들고 귀찮은 일들을 도맡아 했다고 했지. 보청기 수리에 필요한 고객의 귀 모양을 본뜨는 일, 보청기에 낀 왁스를 닦아 내고 깨끗하게 손질하는 일, 그리고 사무실 청소까지. 왜 그런 일을 자청했느냐는 내 질문에 네가 당연하다는 듯 담담하게 대답했던 말이 기억에 남는다. "남들이 피하는 일을 해야 나에게 기회가 온다고 생각했죠." 아무런 배경 없이 맨몸으로 부딪혀야 했던 네 삶의 지혜이자 처절함이 담긴 말이었다. 기회는 주어지는 것이 아니라, 스스로 만들어 가는 것이라고 네 몸으로 깨달았다는 고백이었다.

   머무를 곳이 마땅치 않아 사장님께 양해를 구하고 사무실 바닥에 종이 박스를 깔고 잠을 잤다는 네 이야기에서 목이 메어 왔다. 차가운 콘크리트 바닥의 냉기, 딱딱한 박스의 감촉, 밤새 뒤척이며 잠 못 이루던 스물세 살 정수의 밤들을 나는 감히 상상조차 할 수 없다. 하지만 너는 그 힘겨운 시간 속에서도 불평하거나 좌절하는 대신, 묵묵히 일하고 배우며 기회를 찾았다. 그렇게 십 년쯤 보청기 회사에서 근무하며 기술을 익히고 업계 생리를 배웠다. '남들이 피하는 일' 속에서 너는 누구도 따라올 수 없는 숙련된 기술자가 되어 갔을 것이다.

   어느 날 선배 사원 중 한 명이 독립해서 업체를 차렸고, 너는 주저 없이 그 선배를 따라나섰다. 그곳에서 너는 기술뿐 아니라 판매와 유통까지 배우며 보청기 전문가로서의 역량을 더욱 키워 나갔다. 손님을 대하는 법, 물건을 팔고 관리하는 법, 서비스하는 법. 귀가 어두운 네게는 쉽지 않은 일들이었겠지만, 너는 특유의 성실함과 노력으로 해냈을 것이다. 그렇게 두

곳의 회사를 거치며 이십여 년 동안 보청기 업계의 모든 것을 배웠다.

　이제 스스로 날아오를 때가 되었다고 생각했겠지. 함께 일했던 동료와 함께 보청기 가게를 차리며 첫 번째 독립을 시도했다. 하지만 동업은 생각처럼 만만치 않았다고 했다. 판매, 고객관리, 사후서비스까지 사업의 거의 모든 부분이 네 몫이었다. 동료와의 약속이나 기대가 네 생각과 달랐을 수도 있고, 아니면 서로의 강점이 맞지 않았을 수도 있다. 아마도 동료는 청각장애를 가진 네게 영업이나 고객 응대 같은 일들을 맡기기 어렵다고 생각했거나, 역설적으로 네가 청각장애를 가졌기에 고객과의 소통이나 서비스 부분에서 더 강점을 발휘할 것이라고 판단했을지도 모른다. 결과적으로 너는 동업하던 친구에게 모든 것을 넘겨주고, 복잡한 관계를 정리한 후 다시 홀로서기로 결심했다. 큰 손해를 보았을 수도 있지만, 너는 원망하거나 좌절하는 대신 다음 단계를 준비했다.

　그리고 마침내 지금의 네 가게를 차리고 진정한 홀로서기에 성공한 것이다. 어제 만난 너는 여전히 밝고 유머가 넘치는 생활인이자 자영업자였다. 쾌적하고 정돈된 너의 가게, 밝은 표정으로 너를 대하는 손님들의 모습에서 네가 얼마나 성실하게, 그리고 진심으로 관계를 맺어 왔는지를 느낄 수 있었다.

5.

네가 여기까지 올 수 있었던 가장 큰 원동력은 바로 '낙관적인 생각'이었다고 말했다. 삶의 온갖 풍파 속에서도 희망을 잃지 않고 긍정적인 면을 보려고 노력했던 힘. 그리고 네 장애를 오히려 네 가장 큰 강점으로 만든 지혜. 네가 듣지 못하기 때문에 평생 보청기 판매업을 할 수 있었고, 네가 같은 처지라는 사실이 고객들에게는 어떤 화려한 광고나 유창한 말솜씨보다 큰 신뢰를 주었다는 네 말에 나는 깊이 공감했다. "내가 불편하니까 고객들 마음을 더 잘 알죠. 뭐가 어렵고 뭐가 답답한지. 그래서 더 진심으로 대하게 되고." 네 말 속에서 진정한 전문성과 진정성이 무엇인지 느낄 수 있었다. 너는 고객들과 자주 밥을 먹으며 단순히 물건을 파는 관계를 넘어선 인간적인 유대를 맺었다. 그들에게 너는 그저 '보청기 판매원'이 아니라, 삶의 어려움을 이해하고 공감해 주는 따뜻한 이웃이었을 것이다.

농아원에서 만났던 네 아내 또한 듣지도 말하지도 못하지만, 너희 부부는 수화로 세상의 어떤 부부보다도 깊이 있는 소통을 했다. 눈빛과 손짓, 표정으로 서로의 마음을 읽고 나누는 너희의 모습은 소리 없는 세상에서도 사랑과 이해가 얼마나 깊어질 수 있는지를 보여 주는 듯했다. 네게는 서른 살이 된 의젓한 딸과 스물여덟 살의 듬직한 아들, 두 명의 자녀가 있다. 모두 건강하고 어엿하게 성장하여 각자의 삶을 살아가고 있다고 했다. 소리 없는 세상에서 일궈 낸 너의 가정은 어떤 시련에도 흔들리지 않는 단단한 행복의 보금자리였다. 너는 자녀들에게 부모가 다툴 땐 무조건 엄마 편을 들라고 했지. 그래서 가끔 3:1로 싸운다고 했다. 너는 지금도 너를 선택해 준 아내에게 고마움을 느낀다고 했다.

정수야, 네 이야기를 들으면서 가장 놀라웠던 것은, 네가 겪었던 그 모든 역경에 대해 단 한순간도 원망이나 불평의 기색을 보이지 않았다는 점이었다. 오히려 너는 그런 어려운 환경을 지나왔기 때문에 사회에 더 잘 적응할 수 있었고, 사람들과의 관계 맺는 법도 배울 수 있었다고 담담히 말했다. "환경 탓만 하고 살기에는 눈앞의 생존이 더 급했죠. 그리고 어차피 지나간 일인데 후회하거나 원망하면 뭐해요. 그냥 받아들이고 지금 내가 할 수 있는 걸 하는 게 중요했어요." 그리고는 "어떻게 보면 저를 버린 세상에 고마워요. 덕분에 이렇게 살아남는 법도 배우고, 제 힘으로 사는 기쁨도 알았으니." 라고 덧붙이는 네게서 나는 알 수 없는 부끄러움을 느꼈다. 나는 얼마나 사소한 어려움에도 불평하고 좌절했던가. 네 삶의 무게와 깊이 앞에서 나의 고민들은 한없이 가볍게 느껴졌다.

넌 내게 말했다. 왜 인간들은 과거의 기억에 사로잡혀 미래를 고통스럽게 사느냐고. 자식을 잃은 사람은 자식과 보낸 좋은 시간만 기억하면 된다고. 왜 좋은 것은 다 잊고 남은 많은 시간을 아파하느냐고. 삶의 온갖 모순과 불행을 아파하는 사람들이 여전히 많고, 그들을 바라보며 연민하는 사람들도 많다. 그 연민이 사라지지 않았다는 알량한 자존심으로 버티는 사람들도 많지. 나 또한 그렇게 살았다. 그리하여 내가 아직도 세상을 향한 불만을 가득 안고 무엇을 어떻게 할까 고민할 때 넌 몸으로 세상을 익힌 철학자가 돼 있었다. 세계에 대한 낙관은 태어날 때 듣지 못했던 장애가 보청기 판매라는 직업을 주었다는 너의 해석을 만들었다. 파는 사람이 듣지 못하는 사람이니까 사는 사람은 무척이나 공감하더라고. 이보다 더한 낙관이 어디 있겠니.

　네가 고통스러웠던 많은 시간에 넌 너보다 훨씬 조건이 나쁜 사람들을 생각하면서 '이 정도는 정말 감사한 일이야' 하면서 살았다고 했다. 몽골에 보청기를 지원하는 활동을 비롯하여 수익의 많은 부분을 남을 위한 일에 쓰면서 즐겁게 산다고 했어. 앞으로도 듣지 못하는 사람들을 위해 할 수 있는 일을 열심히 찾겠다고 했지. 사적으로는 좋은 공기와 함께 힐링하는 삶을, 공적으로는 타인을 위해 기여하는 삶을 사는 것이 바람이라고 했다. 나는 너에게 수학을 가르쳤지만 너는 내게 삶을 가르쳤다.

　그러니 정수야, 오늘은 네가 내 선생이다. 아마 앞으로도.

작가의 말

  한 권의 책으로 묶인 이 글이 소설인지, 에세이인지, 아니면 르포인지 글을 쓴 나 자신도 잘 모르겠다. 나는 다만, 내가 겪은 이야기이거나 내가 상상한 이야기를 글로 옮겨 적었을 뿐이다. 이 글 속의 이야기들은 전체적으로는 한 흐름이지만 각 꼭지 사이에는 여백이 있다. 시간의 흐름에 따라 완벽하게 정리하지 못한 탓이다. 그렇지만 독자가 읽는 데는 아무런 문제가 없다.

  「그날 새벽」의 화자 준기는 훗날 교사가 되어 이후의 각 에피소드에 민 선생으로 등장한다. 먹고사는 문제와 학업을 병

행해야 했던 준기는 엄혹한 시대를 만나 거리에 나와 싸웠던 그 시절 흔한 젊은이다. 경애와의 관계에서 계급의 차이를 온몸으로 느끼면서 무기력하게 받아들일 수밖에 없었던 화자가 군부독재에는 저항한다. 그 젊은이들은 이제 모두 중년이 되었다. 누군들 젊은 시절을 생각하면 명치 끝에 통증이 오지 않겠는가. 처절하게 싸웠던 도로 위, 최루탄의 매캐한 내음, 청춘의 아련한 기억 같은 것 말이다.

「춤을 추다」의 지영이 동생 지훈이는 「지훈이의 캔버스」에 나오는 그 지훈이가 맞다. 지훈이는 어려운 가정 형편에 돌발성 난청을 제때 치료하지 못하여 한쪽 귀의 청력을 상실한다. 귀는 어두웠지만 '눈이 밝은' 지훈이의 이야기를 책 전체 제목으로 삼았다. 「지훈이의 캔버스」는 그렇게 정해졌다. 처음에는 작은 도화지였으나 이내 교실 전체가 지훈이의 캔버스였고, 결국 지훈이에게는 자기를 둘러싼 세상이 캔버스였다.

「춤을 추다」에서 활기 넘치고 명랑했던 지영이의 친구 소라는 「소라의 겨울」에서 끝없는 나락으로 떨어진다. '소라에게는 겨울만 있다'는 표현을 썼다. 미리 읽어 본 독자들이 두어 대목에서는 읽기 힘들다고 했다. 그러나 우리가 늘 하는 말이 있다. '현실은 소설보다 가혹하다'는 말. 「소라의 겨울」에 나오는 어른들은 누구랄 것 없이 성실하게 맡은 일을 하는 어른들이다. 그런데도 소라는 어른들에게서 절망을 거듭한다. 자기 일을 성실하게 하는 것과, 인간에 대한 따뜻한 관심의 거리는 너무 멀었다. 소라는 그것을 보았고, 어른들은 보지 못했다.

「시발 롤 모델」의 그 녀석 이야기는 이미 오래전부터 황폐해지고 있는 교실 풍경을 그린다. 뉴스는 최근의 교실이 더 힘들어졌다고 말한다. 교사들은 아동학대의 잠재적 가해자처럼 여겨지면서 점점 '가르치는 맛'을 잃어 가고 있다. 부모들은 혹여 내 아이가 학교에서 불이익을 받지 않을까 걱정한다. 교사가 느껴야 할 효능감과 부모의 신뢰 사이, 그 거리는 점점 멀어지고 있다. 그럼에도 불구하고 '교육은 기다림으로 희망을 만드는 긴 여정'임을 말하고 싶었다. 아주 작은 구원의 실마리라도 없다면 우리 교육은 정말 망할지도 모른다. 교사 독자들에게는 '아직 남아 있는 희망'을 보여 주고 싶었고, 일반 독자들에게는 조금이나마 교실 상황을 이해하는 기회가 되길 바랐다. 그 녀석의 롤 모델이 된 민 선생은 「그날 새벽」의 준기이자, 여러 에피소드에서 등장하는 관찰자이고 주인공이다.

「춤을 추다」의 지영, 「소라의 겨울」에 잠시 등장하는 정미 이야기를 하지 않을 수 없다. 이 연작들 어디에서도 어른들은 그저 무기력하다. 어제와 같은 오늘이, 오늘과 같은 내일이 반복된다는 것에 안도하며 평안을 구하는 인물들이다. 지영의 부모, 소라의 부모, 정수의 부모는 아이들을 버렸다. 어떤 이유였든 무책임했다. 이런 어른들 속에서 지영과 정미는 일종의 '구원처'이다. 독자들은 읽으면서 정미가 또 다른 지영이라는 것을 느꼈을 것이다. 소라가 지영과 정미에게서 느끼는 감정이 그렇고, 둘에게 의지하고 싶은 마음에서 다 드러난다. 어른들은 힘든 시기를 관통해 왔다고 무용담을 늘어놓을지 모르겠지만 당신들의 자녀들도 열심히 살아 보려고 노력했다는 점을 말하고 싶었다. 나는 지금도 지영이나 정미 같은 인간상이 없다면 지구는 진즉에 멸망했을 것이라고 생각한다.

각 에피소드는 독립적이되, 인물을 통하여 연결돼 있다. 한 인물의 젊은 시절과 중년 시절이 있고, 주요 등장인물인 아이들의 어린이와 사춘기, 청소년기와 성인기가 얽혀 있다. 어떤 이야기는 생략돼 있고, 특정 시점에서는 자세하게 묘사된다. 에피소드 사이의 생략된 이야기를 연결하는 것은 독자들의 몫이다. 스스로 연작이라 말하면서도 모든 에피소드의 시점을 정교하게 통일하지는 않았다. 작가가 전체 이야기를 이끌어 갈 때도 있고, 등장인물 중 누군가가 말할 때도 있다. 그 상황에서 가장 편하게 관찰할 수 있는 사람이 이야기를 끌고 나가는 방식을 택했다.

나는 소설이란 '그럴듯한 거짓말'이라고 생각한다. '그럴듯함(개연성)'은 이야기의 필수 조건이지만, 인물과 현실을 어떻게 묘사할지는 전적으로 작가의 세계관 속에 있다. 우리는 믿기 힘든 이야기를 '소설 같은 이야기'라고 말한다. 소설의 드라마틱한 측면을 이르는 말이지만, 현실은 늘 소설보다 극적이며, 상상 저 너머에 있다. 모든 에피소드는 사실을 소재로 하여 창작의 과정을 거쳤다. 이야기 속에서 아이들이 어른들에게 묻는다.

"당신들에겐 살 만한 세상인가요?"